KAREN MEYER-REBENTISCH

SUPPE SATT!

Seelenwärmer für jede Jahreszeit

blv

INHALT

Suppen – einfach genial   6

FRÜHLINGSSUPPEN   12

SOMMERSUPPEN   44

HERBSTSUPPEN   76

WINTERSUPPEN   108

Saisontabelle   140
Weiterführende Informationen und Bezugsquellen   141
Rezeptverzeichnis   142

SUPPEN
einfach genial

Suppen sind einfach genial!

Gleich nach der Wildschweinkeule kam die Suppe.
Kaum hatten unsere Vorfahren ihr nomadisches Dasein
aufgegeben und mit ersten Versuchen in Ackerbau und
Viehwirtschaft begonnen, nahm auch schon die Eintopf-
Kulinarik ihren Lauf. Denn die sesshaft gewordenen jungsteinzeitlichen Köche konnten nun dauerhaft ein Feuer
an ihrer Hausstelle erhalten und die seinerzeit üblichen
großen Tongefäße mit eigenen Erzeugnissen aus dem
Garten oder Acker füllen.

Vom Hirsebrei zur Gourmetküche

Die ersten Eintopfgerichte unserer Vorfahren enthielten vor
allem solche Zutaten, wie sie in der frühen Landwirtschaft
erzeugt wurden: Getreide und Hülsenfrüchte bildeten die sät-
tigende Basis, Gemüse, Kräuter und etwas Fleisch dienten als
geschmacksbildende Zugabe – sofern vorhanden. Im Laufe
der Geschichte hat sich aus dem gegarten Getreidebrei eine
ungeahnte Vielfalt regionaler Rezepturen entwickelt.

*»Bei der großen Vielfalt an
Suppen und Eintöpfen findet ein
jeder sein Lieblingsgericht.«*

Zwischenzeitlich aber stand die Suppe zu Beginn des bür-
gerlichen Zeitalters im Verruf, eine minderwertige Speise der
armen Bevölkerung zu sein. Der Eintopf galt als Massenfraß,
denn Soldaten, Waisenkinder und Arme wurden aus großen
Kesseln damit im direkten Wortsinne abgespeist. Doch die
breite Bevölkerung blieb der Suppe treu und vor allem aus

Rechts: In einer herbstlichen Suppe mit Möhren und Pak Choi stecken
die intensiven Aromen sonnengereiften Gemüses.

der französischen Küche kamen Impulse zur Verfeinerung
des als derb und volkstümlich verschrienen Gerichts, sodass
sich auch im Bürgertum das Image wandelte und eine stete
Verfeinerung der Rezepte einsetzte. Der von den Nazis in den
1930er-Jahren eingeführte Eintopfsonntag konnte daran nicht
dauerhaft rütteln.

Heute kennen wir klare und gebundene Suppen, Creme-
suppen, Samtsuppen und Eintöpfe mit allen nur erdenklichen
Zutaten aus aller Welt. Sterneköche schwören auf das kulina-
rische Potenzial der Suppe, die dazu einlädt, immer wieder
neue Geschmackskreationen zu erproben.

Wellness von innen

Alles in allem ist die Suppe ein Gericht geblieben, das meist in Gesellschaft gegessen wird. Früher waren sogar einzelne Teller unüblich, und ein jeder langte mit seinem eigenen Löffel in den großen Topf auf der Mitte des Tisches. Das ist schon etwas anderes als bei all den Snacks, Pizzen und Schnellgerichten, die man sich mal eben so auf die Schnelle für den Hunger zwischendurch reinschiebt, während man vor dem Fernseher sitzt oder auf den Bus wartet. Wenn ich Suppe esse, sitze ich am Tisch, habe etwas Zeit und nette Menschen um mich – Familie oder Freunde. Mir scheint, dass eine gute Suppe etwas von Heimat hat, ich fühle mich geborgen und innerlich gewärmt, wenn ich sie löffle.

Mindestens so gerne, wie ich Suppen esse, koche ich sie auch. Ich liebe es, am Nachmittag in den Garten zu gehen, mich umzuschauen, was gerade geerntet werden könnte,

»Ganz gleich, ob aus dem Garten oder vom Markt – was zählt, ist die Frische der Zutaten.«

und am Abend damit zu kochen. Eine wirklich gute Suppe braucht keine außergewöhnlichen Zutaten, aber von guter Qualität und frisch müssen sie sein. Am besten wird sie mit

dem, was gerade im Garten und auf dem Markt Saison hat und von Aromen nur so strotzt. Aus minderwertigen Zutaten hingegen kann niemals eine gute Suppe werden, bestenfalls können Gewürze, Würzsauce oder Brühwürfel einen ansonsten faden Geschmack überdecken, aber dann schmeckt es eben immer gleich.

Essen, was gerade Saison hat, schont nicht nur Geldbeutel und Umwelt, sondern ist auch den Bedürfnissen des Körpers angemessen. In der indischen Heilkunde ebenso wie in der Traditionellen Chinesischen Medizin ist das schon lange bekannt. So schreiben die Chinesen den Nahrungsmitteln kühlende und erhitzende Eigenschaften zu. Das deckt sich auch mit meinem Gefühl: Während ich die als kühlend geltenden Tomaten im Sommer mit Hochgenuss verzehre, möchte ich sie im Winter nur selten anrühren und mag lieber Möhren oder Rote Bete, die als wärmend angesehen werden.

Liaison der Aromen

Bin ich mit meinem Gemüse und den Kräutern aus dem Garten wieder in der Küche angelangt, habe ich dort Spaß daran, mir immer wieder neue Kombinationen und Zubereitungsweisen auszudenken und zu erproben. Suppen laden zu großer Kreativität ein und verzeihen viel, was bei anderen Gerichten schon zum Misslingen führen könnte. Der besondere Reiz am Suppekochen sind die verschiedenen Liaisons, die gute aromatische Zutaten im Topf gemeinsam miteinander eingehen. Manche davon brauchen eine ganze Weile, um zur Entfaltung zu gelangen, weshalb Eintöpfe oft am zweiten Tag aufgewärmt noch besser schmecken. Ein bekanntes Beispiel dafür sind Gulaschsuppe oder Chili con Carne. Das

ist aber nicht zwangsläufig so: Ein frisch legiertes Kräutersüppchen schmeckt am besten, wenn es direkt vom Herd auf den Tisch kommt, da die Aromen in den jungen Blättern zart und instabil sind.

Alle werden satt

Wenn sich Verwandte oder Freunde angesagt haben, kommt mit der Freude über den Besuch gleich auch Stress ins Haus. Für sechs, acht, zehn oder gar ein Dutzend Gäste Schnitzel zu braten kann ziemlich aufwendig sein, manchmal hapert es schon am fehlenden Kochgeschirr. Das geht auch anders. Ich habe mir einmal einen richtig großen Topf angeschafft, und seitdem bin ich ziemlich entspannt, wenn Gäste kommen

Links: Frisch aus dem Garten: Milde Peperoni geben einer Gulaschsuppe oder einem Ratatouille einen kleinen Schärfekick.
Rechts: Gulaschsuppe schmeckt besonders gut, wenn sie in großen Portionen gekocht wird und über Nacht durchziehen kann.

Oben: Suppen sind in aller Welt beliebt. Aus Indien kommt diese Spinatsuppe mit Kichererbsen und Joghurt (s. S. 27).

wollen. Denn nun gibt es Suppe für alle, dazu noch etwas
leckeres Brot, und ich habe weniger Arbeit und mehr Zeit für
meine Lieben. Vorsichtshalber koche ich ein bisschen mehr,
denn in Gesellschaft schmeckt die Suppe wohl besonders
gut. Bleibt trotzdem etwas übrig, so macht das gar nichts,
denn die meisten Suppen eignen sich hervorragend fürs Einfrieren – und ich freue mich an einem anderen Tag über ein
gutes Essen ohne Küchenarbeit. Die **Zutaten** in diesem Buch
sind übrigens **standardmäßig für vier Personen als Haupt-
gericht** gedacht. Ist Ihr Haushalt nur halb so groß, lassen sich

die Mengen in der Regel halbieren – oder Sie essen einfach
zweimal davon. Ganz praktisch ist es, Suppen portionsweise
einzufrieren, denn es gibt doch immer wieder mal Situatio-
nen, in denen ein Einzelner Hunger hat und keine Zeit oder
Gelegenheit zum Kochen besteht.

Von simpel bis raffiniert

Suppen und Eintöpfe finde ich auch deshalb so genial, weil
sie sich meist recht einfach zubereiten lassen. Hinzu kommt,
dass in der Regel auch nur ein Topf nötig ist. Wenn es schnell
gehen muss, wenn man unterwegs ist beim Camping, in der
Ferienwohnung oder auch in der Gartenbude, ist das eine
echte Erleichterung. Ein unkompliziertes Gericht muss nicht
schlechter schmecken als eines, für das ich stundenlang in
der Küche zugebracht habe – vor allem dann nicht, wenn
ich gute Zutaten verwendet habe. Aber es kann auch Spaß
machen, raffiniertere Rezepte zu kochen und Gäste mit un-
gewöhnlich kombinierten Zutaten zu überraschen. So finden
Sie in diesem Buch sowohl Suppen für »auf die Schnelle« als
auch Rezepte, die etwas mehr Zeit in der Küche und auch
mehr als einen Topf erfordern.

Ideale und kreative Kompromisse

Natürlich ist es am besten, wenn Sie frisch geerntetes Gemüse verwenden, grüne Erbsen aus dem eigenen Garten und
nicht die aus der Tiefkühltruhe beim Discounter. Im Idealfall
kaufen Sie Gewürze, Fleisch und anderes im Bioladen, und
wenn Sie die Zeit dazu haben, kochen Sie auch die weiter zu
verwendenden Brühen selbst: aus einem guten Suppenhuhn,
aus einem ordentlichen Stück Suppenfleisch und Markknochen
oder aus einer Handvoll Gartengemüse.

Aber ganz ehrlich – wir sind alle nicht nur Köchinnen und
Köche, sondern haben unseren Alltag, den Beruf, die Familie, den Garten, das Haus oder die Wohnung, die anderen Hobbys und, und, und. So kann es auch entmutigend
wirken, wenn die Latte allzu hoch liegt, und im schlimmsten

Fall wird am Ende gar nicht selbst gekocht, sondern gleich etwas Fertiges gekauft. Das wäre doch zu schade, denn das Kochen soll Ihnen Freude machen! Und deshalb kann ich Ihnen versichern, meine Rezepte schmecken auch dann noch gut, wenn Sie in dem einen oder anderen Fall nicht auf die superfrische Idealzutat zurückgreifen, sondern sich das Leben etwas leichter machen: mit einer Instantbrühe (wenn es geht, in Bioqualität oder gleich einen Fond wählen), mit Kichererbsen aus der Dose oder auch mal mit tiefgefrorenen Erbsen.

Haben Sie eine Zutat einmal nicht im Haus, dann ersetzen Sie sie mit etwas Ähnlichem oder vielleicht sogar mit etwas ganz anderem, worauf Sie gerade Appetit verspüren. Schon unsere jungsteinzeitlichen Vorfahren haben mit dem ge-

kocht, was gerade zur Hand war, und konnten nicht erst zum nächstliegenden Feinkostgeschäft laufen. Den eigenen Sinnen vertrauen, riechen, schmecken und ein bisschen Intuition – das sind die wichtigsten Ingredienzien für eine geniale Suppe. Guten Appetit!

Ihre Karen Meyer-Rebentisch

FRÜHLINGS-SUPPEN

energievoll ins Jahr!

Frühlingssuppen – vitaminreich und belebend

Wer hat im Mai noch Lust auf Steckrüben? Im Frühjahr ist uns Eingelagertes allmählich über, wir sehnen uns danach, den winterlichen Muff abzuschütteln, und es zieht uns nach draußen an die frische Luft und in den Garten. Für Selbstversorger aber, die nicht auf Tiefgefrorenes zugreifen möchten, ist das Frühjahr die schwierigste Zeit. Das Lagergemüse ist mittlerweile schrumpelig geworden und erfreut niemanden mehr so richtig. Und im Küchengarten gibt es vorerst nicht allzu viel zu ernten, obwohl es überall grünt und sprießt.

Was noch vom Winter übrig ist

Vielleicht haben Sie vom Vorjahr noch einiges auf den Beeten stehen, was den Winter überlebt hat und jetzt in den Suppentopf wandern kann: Porree zum Beispiel, Mangold oder Wurzelgemüse wie Pastinaken und Petersilienwurzel. Beeilen Sie sich und bringen Sie das Gemüse auf den Tisch, bevor es in Blüte geht.

Dann nämlich verholzen die Pflanzen oder sie verändern den Geschmack und werden ungenießbar.

Wenn Sie den Winter über Grünkohl geerntet haben, reißen Sie die Pflanzen jetzt nicht heraus, sondern warten Sie auf die feinen grünen Austriebe in den Blattachsen – das ergibt ein besonders zartes frisches Gemüse!

Rechtzeitig angezogen

Die Lust ist groß, gleich bei den ersten Sonnenstrahlen für die neue Saison auszusäen. Doch benötigen die meisten Gemüsearten einen einigermaßen erwärmten Boden, um zu keimen, und auch zu viel Nässe im Boden schadet mehr, als dass sie nutzt. So kann es in ungünstigen Jahren mit der Aussaat bis in den April dauern, und entsprechend lange müssen Sie auf die Ernte warten. Wenn Sie früher loslegen wollen, können Sie Jungpflanzen auf dem Markt kaufen oder selbst vorziehen. Dafür eignen sich insbesondere alle Kohlsorten, Salat, Rote Bete sowie wärmeliebende Sommerkulturen wie Tomaten, Paprika, Zucchini und Kürbis. Nicht vorziehen lassen sich Wurzelgemüse wie Möhren, die durch das Verpflanzen dazu neigen, mehrbeinig zu werden. Bei schnellwüchsigen

»Im Frühjahr sehnen wir uns danach, endlich wieder mehr nach draußen zu gehen und der Natur dabei zuzuschen, wie alles grünt. Frisches Gemüse aus dem Garten bringt uns neue Lebensenergie.«

Kulturen wie Radieschen ist die Vorzucht zwar möglich, bringt wegen möglicher Wachstumsstockungen durch das Versetzen aber keinen Vorteil.

Kräuterpower nutzen

Viele Menschen verspüren im Frühjahr einen regelrechten Heißhunger auf Salat, Kräuter und Blattgemüse. Kein Wunder, wenn man monatelang vor allem Lagergemüse und Tiefkühlware gegessen hat. Während Wurzel- und Knollengemüse etwas länger vor sich hin wachsen, entwickeln sich Salat, Spinat und Kräuter nun rasend schnell und können als Erstes in der Küche verwendet werden. Und das ist auch gut so: Denn der Gehalt an vitalisierenden Stoffen ist insbesondere in Blattgemüse und Kräutern besonders hoch. So enthält Spinat zehnmal so viel Chlorophyll wie grüne Bohnen, die wild wachsende Brennnessel bringt es sogar auf die 20-fache Menge. Wildkräuter sprießen meist früher als die Kulturpflanzen, weil sie perfekt an das hiesige Klima angepasst sind, und sie enthalten zahlreiche Mineralien, Spurenelemente und sekundäre Pflanzenstoffe, die für unsere Gesundheit wichtig sind.

Leichte Küche macht locker

Wenn draußen die Temperaturen steigen, schwindet der Appetit auf deftige schwere Kost. Manch einer trägt noch ein wenig Winterspeck mit sich herum – ein Grund mehr, leichte und erfrischende Gemüsesuppen zu essen, die beleben, ohne zu beschweren. Das Frühjahr ist auch eine gute Zeit, um den Fleischkonsum wieder ein wenig herunterzuschrauben – Ihre Gesundheit wird es Ihnen danken. Die meisten Frühjahrsgemüse brauchen wenig Kochzeit und sind schnell gar. Das schont Vitamine. Auch lässt sich fast alles, was jetzt draußen wächst, gut miteinander kombinieren. Der Phantasie sind dabei keine Grenzen gesetzt. Auch fein gehackte Kräuter passen zu den meisten Suppen, probieren Sie es einfach mal aus!

Barbarakresse

Mit der Barbarakresse hat man den ganzen Winter über frisches Grün in der Küche, und sie mundet auch noch im zeitigen Frühjahr, bevor sie je nach Wetter Ende März bis Mitte April in Blüte geht. Sie schmeckt senfig-scharf und kann roh ebenso wie gedünstet verwendet werden. Fein gehackt

Blühender Bärlauch

über Suppen gestreut oder auch auf Brot, ist sie ein wertvoller Vitamin-C-Spender.

Gesät wird als Nachkultur im August, spätestens Anfang September. Der Abstand zwischen den Reihen beträgt mindestens 15 cm, in den Reihen sollte man die Pflanzen auf einen Abstand von etwa 5 cm vereinzeln. Die ausgezogenen Jungpflanzen kann man bereits im Salat verwenden. Die Barbarakresse gedeiht auch in Balkonkästen oder größeren Töpfen.

Geerntet wird ab Oktober. Schneiden Sie ein paar der äußeren Blätter ab und lassen Sie den Rest stehen, so wachsen die Pflanzen immer wieder von innen nach. Sie können jederzeit ernten, solange die Blätter nicht hart gefroren sind und bis die Blüte beginnt.

Spinat

In milden Regionen kann man Spinat sogar über Winter halten, sonst aber zumindest bis spät in den Herbst und ihn wieder zeitig im Frühjahr frisch aus dem Garten holen. Er kann als Gemüse zubereitet werden, junge Blätter schmecken auch sehr gut als Salat.

Spinat ist eine ideale Folgekultur nach Kartoffeln, Erbsen oder Dicken Bohnen. Für die Ernte im Frühjahr kann man entweder im September säen oder aber ab Ende Februar bis April.

Sobald die Blätter groß genug sind, kann jederzeit nach Bedarf geerntet werden. Ernten Sie am besten nachmittags, dann haben die Pflanzen durch Lichteinwirkung das meiste Nitrat abgebaut. Es ist möglich, zunächst nur die äußeren Blätter zu schneiden und das Herz stehen zu lassen, aus dem neue Blätter austreiben – allerdings ist das recht mühsam. Einfacher ist es, mit dem Messer ratzfatz durch die Beetreihen zu gehen.

In der Küche täuscht Spinat erst einmal riesige Mengen vor – sackt aber beim Erhitzen schnell in sich zusammen. Wer auf der sicheren Seite sein will, wiegt das Gemüse aus. Übrigens: Anders, als viele Menschen glauben, können Spinatgerichte wieder aufgewärmt werden, wenn man sie zuvor rasch heruntergekühlt und auch kalt gestellt hat. Lässt man zubereiteten Spinat jedoch langsam bei Zimmertemperatur abkühlen, beginnen Bakterien damit, das enthaltene Nitrat in gesundheitsschädliches Nitrit umzuwandeln – dann sollte man ihn in der Tat nicht mehr verzehren.

Barbarakresse

Spinat

Kohlrabi

Kohlrabi entwickelt sich recht schnell und gibt deshalb ein ideales Frühgemüse ab. Junger Frühkohlrabi ist zart und hat einen weniger strengen Kohlgeschmack als späte Sorten. Für eine zeitige Ernte sollten fertige Jungpflanzen vom Wochenmarkt oder aus der Gärtnerei gesetzt werden, die Aussaat im Freiland dauert länger. Wenn sich der Boden schon ein wenig erwärmt hat, kann Kohlrabi unter Vlies oder Lochfolie ab Mitte März ausgepflanzt werden. Die Pflanzen benötigen eine regelmäßige Wasserversorgung, damit sie nicht platzen.

Kohlrabi eignen sich auch dafür, einzeln in Beetlücken, ja sogar ins Staudenbeet gepflanzt zu werden – blaue Sorten sind besonders dekorativ.

Wer eine ganze Reihe Jungpflanzen gesetzt hat, muss damit rechnen, dass sie alle fast gleichzeitig ihre endgültige Größe erreicht haben. Aber wer will schon jeden Tag Kohlrabi essen? Zum Einfrieren oder Einkochen ist er jedoch nicht besonders gut geeignet. Besser ist es, mit der Ernte bereits bei kleineren Exemplaren zu beginnen, diese sind zudem besonders zart. Wartet man hingegen zu lange, werden die Knollen holzig und ungenießbar. Die Blätter junger Kohlrabi kann man übrigens mitessen, sie enthalten besonders viele wertvolle Inhaltsstoffe wie Antioxidanzien. Kohlrabi wirkt entwässernd und regt die Nierentätigkeit an. Ideal also für eine »Frühjahrskur«. Im Kühlschrank halten sich Kohlrabi einige Tage.

Frühlingszwiebeln

Im Supermarkt werden sie ab dem Spätwinter in appetitlich aussehenden Bündeln angeboten: Je nach Region heißen sie Frühlings- oder Frühzwiebel, Winterhecke, Lauchzwiebel, Zwiebelröhrl, Röhrenlauch oder Schlotte. Bei Gärtnern sind sie als Winterheckenzwiebel bekannt. Sie wird im Sommer ausgesät und entwickelt sich bis zum darauffolgenden Frühjahr so weit, dass Schlotten (bzw. Zwiebelgrün) geschnitten werden können. Da die Winterhecke mehrjährig kultiviert wird, ist es sinnvoll, nicht alles abzuschneiden, damit die Pflanze sich regenerieren kann. Die Pflanze kann nicht nur durch Aussaat, sondern auch durch Teilung vermehrt werden und lässt sich auch ganz einfach auf dem Balkon in Kästen ziehen, denn junge Pflanzen brauchen nur wenig Platz.

Kohlrabi

Frühlingszwiebeln

Frisches Zwiebelgrün lässt sich in der Küche vielfältig verwenden, ähnlich wie Schnittlauch kann man es in Kräuterquark mischen, über Salate und Suppe streuen oder auf Brot essen. Lauchgewächse wirken wegen der darin enthaltenen Schwefelverbindungen immunstimulierend und kräftigend.

Spargel

Der gebleichte weiße Spargel und auch der Grünspargel gelten als besonders feines und edles Gemüse. Die Kultur des Grünspargels ist einfacher, da für ihn keine Wälle angelegt werden müssen. Er ist zudem reicher an gesundheitsfördernden Inhaltsstoffen, schmeckt aber auch etwas würziger.
Für den Anbau von Spargel benötigt man viel Geduld, denn es dauert nach der Pflanzung noch drei Jahre, bis sich ein nennenswerter Ertrag einstellt. Eine weitere Voraussetzung ist sandiger Lehm im Garten. Auf schwerem Boden gedeiht Spargel nicht. Die Ernte der jungen Triebe findet zwischen Ende April und Ende Juni statt – je nach regionalem Klima. Danach dürfen die Pflanzen frei austreiben und werden bis zu mannshoch. Ist die Ernte sehr groß, kann man Spargel problemlos blanchieren und einfrieren. Einkochen geht auch, aber dabei verliert

er mehr Aroma als beim Tiefkühlen. In feuchte Geschirrtücher eingewickelt, hält er sich auch einige Tage im Kühlschrank. Aber frisch schmeckt er am besten! Wenn Sie nicht selbst ernten, sondern Spargel kaufen, achten Sie darauf, dass die Schnittstellen nicht stark eingetrocknet sind. Während Bleichspargel gründlich geschält werden muss, ist dies bei Grünspargel nicht nötig. Beide Sorten können übrigens auch roh gegessen werden. Zu den beliebtesten Zubereitungsweisen gehört aber nach wie vor die klassische Spargelcremesuppe.

Erbsen

Erbsen gehören zu den ältesten menschlichen Kulturpflanzen und standen schon auf dem Speisezettel der mitteleuropäischen Jungsteinzeitmenschen. Sie sind eine gute Vorkultur, denn sie hinterlassen einen gelockerten und mit Stickstoff angereicherten Boden. Selbst benötigen sie außer ein wenig Kompost keine Düngung. Für den frischen Verzehr eignen sich Markerbsen (Kinder lieben die kleinen grünen Kügelchen!) und Zuckererbsen. Bei Letzteren verzehrt man die ganzen Hülsen, noch bevor sich größere Kerne ausgebildet haben. Ausgesät wird im April, die Pflanzen wachsen rasch und blühen bald.

Spargel

Erbsen

Nun muss auf eine gute, gleichmäßige Wasserversorgung geachtet werden, damit sich viele Hülsen ausbilden. Geerntet werden Markerbsen, wenn die Erbsen Ihnen groß genug erscheinen; je jünger sie sind, desto zarter sind sie jedoch. Das gilt genauso für die Zuckerschoten. Regelmäßiges Durchpflücken bringt einen hohen Ertrag, da die Pflanzen dann immer mehr Hülsen produzieren. Außerdem sinkt die Qualität rapide, wenn die Erbsen überständig werden. Wenn der Ertrag höher ist, als frisch verzehrt werden kann, lassen sich Markerbsen und Zuckerschoten gut einfrieren. Wenn man sie zuvor blanchiert, behalten sie ihre frische Farbe. Erbsen enthalten mehr Eiweiß als die meisten anderen Gemüsearten, zudem gelten sie als cholesterinsenkend. Frisch ausgepalte Erbsen benötigen nur eine kurze Kochzeit, damit sie knackig und aromatisch bleiben. Zuckerschoten schmecken in der Pfanne oder im Wok knapp angebraten oder auch roh im Salat am besten.

Wildkräuter

Im Vergleich zu ihnen sind unsere Kulturpflanzen Warmduscher. Heimische Wildkräuter sind optimal an ihren Standort und das Klima bei uns angepasst. Deshalb sind sie durchsetzungsstark und werden nur selten krank. Meist enthalten sie konzentriertere Inhaltsstoffe als die auf Wachstum und Ertrag gezüchteten Kulturgemüse – so ist der Vitamin-C-Gehalt von Brennnesseln oder Giersch deutlich höher als der von Salat. Im Frühjahr kommt ein weiterer Vorteil hinzu: Sie sind als Erstes erntereif!

Und im Frühjahr, wenn die neuen Blätter noch zart sind, schmecken Wildkräuter am besten. Für Suppen, Mischgemüse und Salate eignen sich unter anderem die Blätter der Großen Brennnessel, von Bärlauch, Sauerampfer (Wiesen-Sauerampfer), Löwenzahn, Giersch, Gutem Heinrich und der Pimpinelle. Die Blüten von Gänseblümchen sind dekorativ und schmecken nussig. Sie alle können auch im Garten gezogen werden, während manch anderes Wildkraut mit den meist reichlich nährstoffhaltigen Kulturböden Probleme hat. Aussaat oder Pflanzung sollte mindestens ein Jahr vor der ersten Ernte vorgenommen werden, damit sich die Pflanze am neuen Standort etablieren kann. Aber vielleicht wächst ja schon das eine oder andere dieser Kräuter bei Ihnen und wurde bisher als ungeliebter Eindringling gejätet und in die Tonne geworfen. Probieren Sie es stattdessen einmal mit dem Suppentopf!

Wildkräuter (Bärlauch)

»Im Frühjahr tut frisches Grün Körper und Seele gut!«

Echte Hühnersuppe
mit jungen Erbsen

1 Suppenhuhn (ca. 1 kg) * Wacholderbeeren *
Kardamomkapseln * Salz * 250 g Möhren * 1 mittelgroße Stange Porree * 1 Stück Ingwer (ca. 1 cm) *
etwas Schnittsellerie * 200 g herausgelöste frische grüne
Erbsen * 100 g Suppennudeln

Eine echte Hühnersuppe – nicht aus der Tüte, dafür mit Hähnchenbrust auf-
gehübscht – ist ein wirklich stärkendes und wohltuendes Essen. Viel Kraft und
Energie spendet sie Ihnen auch bei einer Erkältung.

1 Das Suppenhuhn waschen und in drei oder vier Teile zerlegen. Die Teile mit 1,5 l kaltem
Wasser aufsetzen, jeweils ein paar Wacholderbeeren und Kardamomkapseln sowie 1½ TL Salz
hinzufügen. 1,5 Stunden leise kochen lassen.

2 Möhren und Porree putzen und in dünne Scheiben schneiden. Den Ingwer schälen und
fein hacken.

3 Die Hühnerteile aus der Brühe nehmen. Die Brühe durch ein Feinsieb gießen und auffangen. Das Gemüse in den Topf geben und mit der Brühe zum Kochen bringen.

4 Die Hühnerteile von Haut und Knochen befreien und das Fleisch in mundgerechte Stücke
schneiden oder zupfen. Die Stücke zurück zur Suppe geben und noch einmal 15 Minuten
mitgaren lassen. Den Schnittsellerie waschen, trocken schütteln und hacken. Erbsen, Suppennudeln und Schnittsellerie hinzufügen und kochen lassen, bis die Nudeln gar sind.

Tipp

Die Suppe kann gut mit anderen Gemüsearten variiert werden, im Frühjahr schmeckt sie auch
vorzüglich mit Spargel, im Sommer dürfen es zum Beispiel grüne Bohnen sein.

Suppe von grünem Spargel
mit Rauke

2 mittelgroße Zwiebeln ＊ 2 EL Rapsöl ＊ 500 g Kartoffeln ＊
500 g grüner Spargel ＊ 200 g Sahne ＊ 1 TL Salz ＊ Zucker ＊
1 Prise Muskat ＊ 1 Bund Rauke

Rauke ist ein sehr schnellwüchsiges Gewürzkraut und wird ab März in Sätzen ausgesät. Wenn man bei der Ernte nur die äußeren Blätter schneidet und das Herz stehen lässt, treiben die Pflanzen erneut aus.

1 Die Zwiebeln schälen und würfeln, in einem weiten Topf in Rapsöl goldgelb dünsten. Die Kartoffeln schälen und in Scheiben schneiden, in den Topf geben und mit 1,2 l Wasser aufgießen. 10 Minuten kochen lassen.

2 Den Spargel putzen (in der Regel muss man grünen Spargel nicht schälen, am unteren Ende können schon einmal härtere Fasern vorkommen, die Sie entfernen sollten) und im Ganzen in den Topf legen. Weitere 10 Minuten kochen lassen. Die Stangen herausnehmen, die Spargelköpfe abschneiden und warm stellen. Die Stangen in Stücke schneiden und zurück zur Suppe geben, weitere 5 Minuten kochen.

3 Die Sahne in den Suppentopf gießen und die Suppe mit dem Stabmixer pürieren. Mit Salz, Zucker und Muskat abschmecken und die Spargelköpfe wieder dazugeben.

4 Die Rauke gut waschen, trocken schütteln und hacken. Die Suppe mit der gehackten Rauke überstreut servieren. Dazu passen knusprige Grissini – italienische Gebäckstangen.

Variante

Diese Suppe können Sie mit in Butter gedünsteten Lachswürfeln anreichern, so wird sie zu einer sättigenden Hauptmahlzeit.

Frühlingszwiebelsuppe
mit Schweinefleisch

1 Bund Frühlingszwiebeln ⁕ 150 g Rettich ⁕ 200 g Schweine-
schnitzel ⁕ 300 g braune Champignons ⁕ 3 EL Rapsöl ⁕
1,2 l Hühnerbrühe ⁕ 100 g Glasnudeln ⁕ 1 TL Zucker ⁕
1 TL Weinessig ⁕ 1 EL Sojasauce

Für diese Suppe benötigt man zwar drei Töpfe, dafür geht sie aber superschnell.
Anstelle des Schweineschnitzels können Sie auch Hühnerfleisch verwenden.

1   Die Frühlingszwiebeln waschen, putzen und in Ringe schneiden. Den Rettich schälen
und in dünne Scheiben hobeln. Das Schnitzel fein schnetzeln. Die Champignons putzen und
in mundgerechte Stücke teilen.

2   Das Öl in einem Topf erhitzen, Schweinefleisch und Rettich darin anbräunen. Dann die
Hitze reduzieren und beides etwa 5 Minuten unter stetem Rühren weiterbraten.

3   Währenddessen die Hühnerbrühe in einem weiteren Topf erhitzen und in einem dritten
Topf 1 l Wasser aufkochen. Die Glasnudeln ins kochende Wasser legen und vom Herd nehmen, 5 Minuten ziehen lassen und über einem Sieb abgießen.

4   Die Champignons und die Frühlingszwiebeln zum Fleisch geben und weitere 5 Minuten
braten, dabei gelegentlich umrühren, damit nichts ansetzt. Fleisch und Gemüse mit der heißen
Hühnerbrühe ablöschen und mit Zucker, Essig und Sojasauce abschmecken. Zuletzt die Glasnudeln zur Suppe geben. Sofort servieren.

Spinatsuppe *mit Kichererbsen*

100 g Kichererbsen (am Vortag eingeweicht) * 1 mittelgroße
Zwiebel * 2 EL Olivenöl * 1 l Gemüsebrühe * 100 g rote
Linsen * 500 g Spinat * ½ TL Kreuzkümmel * ½ TL Anis *
1 gepresste Knoblauchzehe * 1–2 EL Zitronensaft * 1 Prise
Zucker * Salz * Joghurt (3,5 %)

Die Kichererbsen müssen bereits am Vortag in reichlich Wasser eingeweicht werden. Wenn Sie sich einmal spontan für dieses Rezept entscheiden, können Sie auch
Kichererbsen aus der Dose verwenden, die man u. a. im türkischen Gemüseladen
kaufen kann.

1 Die Kichererbsen mindestens 12 Stunden in der doppelten Menge Wasser einweichen.

2 Die Kichererbsen im Einweichwasser eine halbe Stunde weich kochen, das Kochwasser
wegschütten.

3 Die Zwiebel schälen und fein hacken. Olivenöl in einem Topf erwärmen und die Zwiebel
darin andünsten. Die Gemüsebrühe hineingießen und die roten Linsen einstreuen.

4 Während die Linsen ca. 15 Minuten weich kochen, den Spinat gründlich waschen und in
feine Streifen schneiden. Zusammen mit den Kichererbsen zur Suppe geben.

5 Die Suppe mit Kreuzkümmel, Anis und Knoblauch würzen und noch 5 Minuten köcheln
lassen. Mit Zitronensaft, Zucker und eventuell etwas Salz abschmecken. Die Suppe verteilen
und den Joghurt dazu servieren. Nach Geschmack einen Klecks Joghurt in die Suppe geben.

Tipp
Im Sommer können Sie anstelle von »normalem« Spinat auch anderes Blattgemüse wie
Gartenmelde, Mangold oder Blattamaranth verwenden.

Frisches Grün
mit Nudeltaschen

Für die Nudeltaschen   250 g Weizenmehl * ½ TL Salz * 2 Eier
Für die Füllung   1 Zwiebel * 5 Knoblauchzehen * 2 EL Rapsöl * 200 g Rinderhack * ½ TL Salz, Pfeffer * 1 TL Paprika
Für die Suppe   1 Bund Frühlingszwiebeln * 2 EL Rapsöl * 1,2 l Rinderbrühe * 300 g Möhren *
100 g Zuckerschoten * 1 Stück Ingwer (ca. 3 cm) * frische Petersilie und weitere Gartenkräuter nach Belieben

Nudeln selbst zu machen kostet zwar etwas Zeit – dafür schmecken sie einfach
großartig! Haben Sie es einmal eilig, können Sie auch fertige Ravioli aus der
Kühltheke für diese Suppe verwenden.

1 Für die Nudeltaschen das Mehl mit Salz, den Eiern und eventuell 1–2 EL Wasser zu einem geschmeidigen Teig verkneten, der nicht mehr an den Händen kleben darf. In Frischhaltefolie wickeln und mindestens eine ½ Stunde im Kühlschrank ruhen lassen.

2 Für die Nudeltaschenfüllung Zwiebel und Knoblauch schälen und fein würfeln. Rapsöl
erhitzen, beides darin andünsten. Hackfleisch hinzugeben und scharf anbraten. Mit Salz, Pfeffer
und Paprika würzen. Sobald das Fleisch durchgebraten und krümelig ist, beiseitestellen.

3 Den Nudelteig möglichst dünn ausrollen und in 16 gleich große Quadrate schneiden. Die
Hackfleischmasse jeweils auf einer Hälfte verteilen, die andere Hälfte darüberklappen, sodass
Dreiecke entstehen. Die Nudelränder mit einer Gabel zusammendrücken, damit die Taschen
gut verschlossen sind. Die Nudeltaschen in zwei Etappen in leicht kochendem Salzwasser
8 Minuten garen, warm stellen.

4 Für die Suppe die Frühlingszwiebeln putzen und in Ringe schneiden. Rapsöl erwärmen
und die Frühlingszwiebeln darin dünsten. Mit der Brühe ablöschen.

5 Die Möhren schälen und in dünne Scheiben schneiden. Bei den Zuckerschoten eventuell
vorhandene Fäden ziehen. Das Gemüse in die kochende Brühe geben. Den Ingwer fein würfeln und hinzufügen. Nach 12–15 Minuten sollte das Gemüse noch bissfest und die Suppe
fertig sein. Zum Servieren zunächst die Nudeltaschen auf die Teller geben und dann mit der
Suppe übergießen. Zum Schluss frisch gehackte Kräuter auf die Suppenteller geben.

Kartoffelcremesuppe
mit Bärlauch

2 Zwiebeln * 20 g Butter * 1 kg mehligkochende Kartoffeln *
1 EL gehackter Schnittsellerie * 1 l Gemüsebrühe *
50 g getrocknete Tomaten * 1 Handvoll Bärlauch *
200 g Sahne * Muskat * 1 TL Pfeffer

Bärlauch wächst in Mitteleuropa wild und kann je nach Region ab Februar gesammelt werden. Um eine Verwechslung mit den giftigen Maiglöckchenblättern zu vermeiden, müssen Sie unbedingt auf den bärlauchtypischen, knofeligen Geruch achten. An schattig-feuchten Stellen gedeiht Bärlauch auch in Ihrem Garten.

1 Die Zwiebeln schälen und würfeln. Die Butter in einem Topf schmelzen und die Zwiebeln darin bei mittlerer Temperatur goldgelb dünsten. Die Kartoffeln schälen und vierteln, mit dem Schnittsellerie in den Topf geben und mit der Gemüsebrühe aufgießen, ca. 20 Minuten köcheln lassen.

2 Die getrockneten Tomaten in feine Streifen schneiden und mit ein wenig heißer Brühe aus dem Topf übergießen, bis sie vollständig bedeckt sind. Den Bärlauch gründlich waschen und fein schneiden.

3 Die Sahne zur Suppe geben, etwas Muskat hineinreiben und den Pfeffer einstreuen. Die Suppe mit dem Stabmixer leicht pürieren, sodass die Suppe cremig wird, aber noch einige Stücke bleiben.

4 Die eingeweichten Tomaten mit der Flüssigkeit dazugeben, den Bärlauch unterziehen und servieren.

Variante
Zu dieser Suppe passen klassische Wiener Würstchen als Einlage.

Kohlrabisuppe
mit frischen Kräutern

1 Zwiebel * 1 Stich Butter * 1 l Gemüsebrühe * Muskat *
3–4 Kohlrabi (ca. 1 kg) * 4 Eigelb * 200 g Sahne *
eine Handvoll frische Wild- und Gartenkräuter

Diese Suppe schmeckt immer wieder ein wenig anders, das haben Sie mit der Auswahl der Kräuter in der Hand. Es passen sowohl die klassischen Gartenkräuter Petersilie, Kerbel, Pimpinelle, Sauerampfer, Schnittlauch und Dill als auch diverse Wildkräuter wie Vogelmiere, Giersch, Scharbockskraut (nur vor der Blüte verwenden!), Spitzwegerich, Löwenzahn oder Gundermann.

1 Die Zwiebel schälen und sehr fein würfeln. Butter in einem Topf schmelzen und die Zwiebel darin glasig braten, aber nicht bräunen. Mit der Brühe ablöschen und etwas Muskat hineinreiben.

2 Die Kohlrabi schälen, in kleine Würfel schneiden und zur Suppe geben. Aufkochen und etwa 15 Minuten simmern lassen.

3 Die Eigelbe in einer kleinen Schüssel mit der Sahne verrühren. Die Schüssel in ein warmes Wasserbad (nicht kochend heiß!) stellen und den Inhalt ab und an umrühren. Damit soll verhindert werden, dass später der Temperaturunterschied zwischen der Suppe und der Legierung zu hoch ist.

4 Wenn die Kohlrabistücke weich gekocht sind, mit einer Schaumkelle aus der Suppe heben und warm stellen. Den Suppentopf vom Herd nehmen und die Sahne-Ei-Masse allmählich hineinlaufen lassen, mit einem Schneebesen verquirlen.

5 Die Kräuter gründlich waschen und sehr fein wiegen. Die Kohlrabistücke zusammen mit den Kräutern unterheben. Die Suppe sofort servieren.

Spargel-Erbsen-Suppe
mit Zitrone

500 g Spargel * 1,2 l Gemüsebrühe * 1 Stich Butter *
3 EL Mehl * 300 g herausgelöste frische grüne Erbsen *
1 Bio-Zitrone * 1 EL Sherry (ersatzweise Weißwein) *
1 Prise Muskat * 200 g Sahne * 250 g Kochschinken

Besonders aromatisch wird die Suppe, wenn man zunächst die Spargelschalen eine halbe Stunde in der Gemüsebrühe auskocht, abschöpft und den auf diese Weise gewonnenen Sud dann als Suppengrundlage verwendet.

1 Spargel gründlich schälen und in mundgerechte Stücke schneiden. In einem Topf die Gemüsebrühe zum Kochen bringen und den Spargel darin garen.

2 Für die Mehlschwitze Butter in einem weiteren Topf schmelzen und das Mehl darin anschwitzen. Nach und nach mehrere Kellen von der heißen Brühe mit dem Schneebesen einrühren, sodass nichts klumpt. Wenn etwa die Hälfte der Flüssigkeit im zweiten Topf ist, 15 Minuten leise köcheln lassen, dabei gelegentlich umrühren.

3 Die grünen Erbsen zum Spargel geben und 5 Minuten mitkochen lassen. Die Zitrone heiß abwaschen, abtrocknen und etwa ein Viertel der Schale in die Suppe reiben. Die Suppe mit Sherry und Muskat abschmecken.

4 Mehlschwitze und Sahne in die Suppe einrühren, kurz aufkochen lassen. Den Kochschinken fein würfeln und noch zwei Minuten in der Suppe ziehen lassen, dann die Suppe servieren.

Kressesüppchen *mit Fischnockerln*

Salz * 2 Möhren * 4 Schalotten * 2 EL Butter *
400 g mehligkochende Kartoffeln * 400 g Zanderfilet *
2 Eigelb * 100 g Sahne * ½ TL Pfeffer * 1 Prise
Muskat * 1 EL Zitronensaft * 2 Handvoll Barbarakresse
(ersatzweise Gartenkresse)

Wer keine Barbarakresse aus dem Garten holen kann, behilft sich mit der unkom-
plizierten Gartenkresse. Diese wird an einem hellen Platz auf einem feuchten
Küchentuch ausgesät, das niemals austrocknen darf. Binnen einer knappen Woche
können die Kressekeimlinge zur Ernte geschnitten werden.

1 1 l Wasser mit einer Prise Salz aufsetzen. Die Möhren schälen, in dünne Scheiben schneiden und im Wasser ca. 20 Minuten kochen, bis sie gar sind.

2 Währenddessen die Schalotten schälen und in Ringe schneiden. Butter in einem Topf erhitzen und die Schalotten darin goldgelb anbraten. Mit 1 l Wasser aufgießen und zum Kochen
bringen. Die Kartoffeln schälen und würfeln. Im Wasser ca. 20 Minuten weich kochen.

3 Das Fischfilet waschen und trockentupfen. Etwaige Gräten mit der Pinzette entfernen und
das Filet in grobe Würfel schneiden. Mit den Eigelben, Sahne, einem ½ TL Salz, Pfeffer, Muskat
und Zitronensaft pürieren.

4 Die weichen Möhrenscheibchen aus dem Kochwasser nehmen (Wasser nicht abgießen)
und abgedeckt warm stellen. Aus der Fischmasse mithilfe von zwei Teelöffeln Nockerln
stechen und ins Kochwasser geben. Die Hitze zurücknehmen und die Nockerln ca. 5 Minuten
gar ziehen lassen.

5 In der Zwischenzeit die Suppe mit den weich gekochten Kartoffelstücken salzen und pü-
rieren. Die Möhrenscheibchen dazugeben. Die Kresse waschen, fein hacken und unterrühren.
Die fertig gegarten Fischnockerln auf Suppenteller verteilen und mit der Suppe übergießen.
Suppe sofort servieren.

Spinatmaultaschen
in Brühe

Für den Nudelteig 200 g Mehl * 2 Eier * Salz * 1 TL Olivenöl

Für die Füllung 200 g Spinat * 1 Zwiebel * 3 Knoblauchzehen * 2 EL Olivenöl *

Salz * 1 trockenes Brötchen (oder 40 g Semmelbrösel) * 100 g gereifter Pecorino-Käse *

1 Ei * ½ TL Schabzigerklee * Pfeffer * 1,5 l Gemüsebrühe

Maultaschen kommen aus Schwaben und heißen dort auch »Herrgottsbescheisserle« – denn in ihnen hat die brave Hausfrau das Fleisch versteckt, das aus religiöser Tradition am Freitag nicht gegessen werden durfte. Heute sind Maultaschen allseits beliebt, und auch für Gemüsefans gibt es etliche Variationen für fleischlose Füllungen.

1 Für den Maultaschenteig Mehl mit Eiern, Salz und Öl verkneten, bis ein Teig entsteht, der nicht mehr an den Händen klebt. Bei Bedarf etwas Wasser oder Mehl hinzufügen. Teig in Frischhaltefolie wickeln und für mindestens eine ½ Stunde in den Kühlschrank legen.

2 Für die Füllung den Spinat gründlich waschen und mit dem Wiegemesser sehr fein schneiden. Die Zwiebel und den Knoblauch schälen und fein würfeln. Das Olivenöl in einem Topf erwärmen, Zwiebel und Knoblauch hineingeben und bei mittlerer Hitze goldgelb braten. Den Spinat hinzufügen. Ab und an vorsichtig umrühren, bis der Spinat zusammengefallen ist, dann bei geschlossenem Deckel weitere 5 Minuten garen. Mit ein wenig Salz abschmecken.

3 Einen Topf mit 3–4 l leicht gesalzenem Wasser zum Kochen bringen. Das getrocknete Brötchen zu Bröseln reiben. Den Pecorino-Käse reiben und beides mit dem Spinat, dem Ei, etwas Schabzigerklee und nach Belieben mit Pfeffer vermengen.

4 Den Maultaschenteig auf einer bemehlten Arbeitsfläche dünn ausrollen und zu Rechtecken von ungefähr Postkartengröße schneiden. Die Spinatmasse gleichmäßig auf die Teigstücke verteilen. Dazu jeweils einen Klecks auf eine Hälfte setzen, den Rand dabei frei lassen. Die andere Hälfte darüberklappen und die Ränder fest zusammendrücken. Die Maultaschen im Salzwasser 8–10 Minuten knapp unter dem Siedepunkt garen. Währenddessen die Gemüsebrühe aufkochen. Die Maultaschen nach dem Garen in der heißen Brühe servieren.

Brennnesselrahmsuppe
mit geröstetem Pumpernickel

1 Zwiebel * Butter * 300 g junge Brennnesselblätter *
1 l Gemüsebrühe * 300 g mehligkochende Kartoffeln *
200 g Sahne * 250 ml Milch * Muskat * Pfeffer * Salz *
6 Scheiben Pumpernickel

Keine Sorge, Brennnesseln schmecken sehr mild! Anders als zum Beispiel Spinat enthalten die Blätter keine Oxalsäure, so kommt es beim Verzehr auch nicht zu dem stumpfen Gefühl auf den Zähnen.

1   Die Zwiebel schälen und würfeln, in etwas Butter andünsten. Die Brennnesselblätter fein schneiden und unterrühren. Mit der Brühe ablöschen. Die Kartoffeln schälen, in Scheiben schneiden und dazugeben. Etwa 20 Minuten auf leiser Flamme kochen lassen, bis die Kartoffeln weich sind.

2   Sahne und Milch in die Suppe gießen, aufkochen lassen. Die Suppe mit dem Stabmixer sehr fein pürieren. Mit Muskat, Pfeffer und gegebenenfalls noch etwas Salz abschmecken.

3   Zwei Scheiben Pumpernickel zerbröseln, etwas Butter in einer Pfanne schmelzen und die Brösel darin zwei Minuten anrösten. Die Suppe in Suppenteller füllen und mit den angerösteten Pumpernickelbröseln bestreuen. Das restliche Brot dazureichen.

Tipp
Zum Pflücken der Brennnesseln streifen Sie am besten Gummihandschuhe über. Auch beim Waschen in der Küche leisten die Handschuhe noch gute Dienste. Drücken Sie die Brennnesselblätter danach kräftig aus, so werden die Nesselhaare entschärft, und Sie können mit nackten Händen weitermachen.

Frühlingssuppe
mit Flädle

Für die Flädle   50 g Mehl   *   100 ml Milch   *
2 Eier   *   1 Prise Salz   *   1 Handvoll Petersilie
Für die Suppe   200 g Porree   *   1 Kohlrabi   *
300 g Möhren   *   50 g Butter   *   1 TL Salz   *
200 g herausgelöste frische grüne Erbsen   *
½ TL Kurkuma   *   Muskat   *   Pfeffer

»Flädle« ist der schwäbische Begriff für Pfannkuchen. Fein geschnitten, ergeben sie eine leckere Einlage in einer Gemüsesuppe, die sonst nicht so lange vorhalten würde. Bei großem Hunger können Sie die Teigmenge auch verdoppeln.

1   Für die Flädle das Mehl mit der Milch, den Eiern und dem Salz verschlagen. Die Petersilie fein hacken und unterrühren. Den Teig einige Minuten quellen lassen.

2   In der Zwischenzeit Porree, Kohlrabi und Möhren putzen und in kleine Stücke schneiden.

3   Etwas Butter in einer Pfanne schmelzen und aus dem Teig nacheinander mehrere dünne Pfannkuchen backen, aus der Pfanne nehmen und einrollen.

4   Die restliche Butter in einem hohen Topf erhitzen und den Porree darin anbraten. Möhren und Kohlrabi hinzufügen und mit 1,2 l Wasser aufgießen, Salz einrühren. Das Gemüse 10–15 Minuten kochen lassen, dann die Erbsen dazugeben und weitere 5 Minuten kochen. Die Suppe mit den Gewürzen und gegebenenfalls noch etwas Salz abschmecken.

5   Die Pfannkuchen in dünne Streifen schneiden und auf tiefe Teller verteilen. Die Suppe über die Flädle geben und sofort servieren.

SOMMERSUPPEN

bunte Vielfalt!

Sommersuppen – bunte Vielfalt

Von Aubergine bis Zucchini – im Sommer findet sich eine reiche Auswahl an Gemüse im Garten. Etliches, was bereits im Frühjahr geerntet werden konnte, gedeiht weiterhin. Hinzu kommen wärmeliebende Gemüsearten wie Tomaten, Paprika oder Gartenbohnen. Der Sommer ist die perfekte Zeit, um mediterran inspirierte Küche aus heimischem Anbau zu genießen.

Vorausdenken für lange Erntezeiten

Mit ein wenig Planung lassen sich die Erträge aus dem Gemüsegarten erheblich vergrößern. Denn für viele Kulturen bietet unser mitteleuropäischer Sommer einen zu kurzen Entwicklungszeitraum. Deshalb lohnt es sich unbedingt, wärmeliebende Pflanzen wie Tomaten oder Paprika bereits im Frühjahr vorzuziehen oder nach den Eisheiligen als Jungpflanzen zu kaufen. Nach der Ernte von Dicken Bohnen, Erbsen und Frühkartoffeln können noch zweite Kulturen für die Herbsternte gepflanzt oder gesät werden. Auf diese Weise wird der Platz auch in einem kleinen Gemüsegarten optimal ausgenutzt.

Wässern und Hacken – die wichtigsten Arbeiten im Sommer

Wärme schätzen nicht nur unsere Gemüsepflanzen. Jetzt gilt es auch aufzupassen, dass unerwünschter Wildwuchs nicht überhandnimmt. Die einfachste Lösung, die zudem Gießarbeit spart, ist regelmäßiges Hacken zwischen den Kulturen. Die auf diese Art geköpften bzw. ausgezogenen Unkräuter bleiben einfach auf dem Beet liegen und werden von der Sonne gedörrt. Zudem schützt das Hacken den Boden vor dem Austrocknen, da die Verdunstung aus tieferen Erdschichten herabgesetzt wird. Wenn bei Ihnen Rasenschnitt anfällt, streuen Sie diesen dünn zwischen die Gemüsereihen – auch das schützt den Boden vor dem Austrocknen. Regenwürmer und Co. freuen sich über diese Nahrung und halten den Boden locker.

Wenn es längere Trockenzeiten gibt, muss zusätzlich gegossen werden. Am besten geschieht dies morgens oder abends. Ideal ist die Verwendung von temperiertem Wasser, z. B. aus einer Regentonne, damit die Pflanzen keinen Schock bekommen. Die Temperaturunterschiede zwischen der sonnenaufgeheizten Erde und kaltem Leitungswasser können sonst leicht schon einmal 30 Grad betragen.

»An einem lauen Sommerabend draußen im Garten zu essen ist Genuss pur: Frisch geerntete Kräuter und Gemüse entfalten ihre betörenden Düfte und Aromen.«

Auch mal im Garten kochen

Wer will schon zurück in die Wohnung gehen, wenn es abends im Garten noch lange hell und warm ist? Im Sommer ist der Garten ein Schlaraffenland, und es macht Spaß, mitten aus der Vielfalt zu kochen und leckere Sachen zuzubereiten. Grillen ist ein Klassiker, aber wie wäre es mit einer Suppe? Für die meisten Rezepte reicht ein Topf aus, sodass das Kochen wenige Umstände macht. Am bequemsten ist es, einen einfachen Gasbrenner zu verwenden, der um die 40 Euro kostet und mit dem man vollkommen ortsunabhängig kochen kann. Besser als der typische zweiflammige Campingkocher ist für die Suppenküche ein leistungsstarker Hockerkocher geeignet, mit dem sich mehrere Liter in einem kurzen Zeitraum erhitzen lassen. Damit bekommen Sie sogar mehr als ein Dutzend Partygäste satt.

Vor allem bunte Gemüsesuppen lassen sich quer durch den Garten vielfach variieren, wenn man erst einmal ein Grundrezept verinnerlicht hat – experimentieren Sie! Es macht riesigen Spaß, das Gemüse direkt aus dem Beet zu holen und zu verarbeiten – gerade Kinder, die manchmal nicht so viel Lust auf »Grünzeug« haben, sind mit Stolz und Eifer dabei,

die Zutaten zusammenzusuchen. Frischer geht es nicht. Und das schmeckt man auch!

Inspirationen aus der Mittelmeerküche

Mehrere Langzeitstudien haben ergeben, dass eine an der Küche der Mittelmeerländer orientierte Ernährungsweise einigen Zivilisationserkrankungen vorbeugen kann. Eine positive Wirkung wird vor allem dem reichlichen Gemüsekonsum zugeschrieben. Die Verwendung mehrfach ungesättigter Fette wie Olivenöl und ein geringer Fleischverzehr gehören ebenfalls zu den Empfehlungen. Im Sommer lässt sich dies mit eigenem Gemüse aus dem Garten genussvoll umsetzen. Gemüse satt heißt die Devise. Und damit an warmen Tagen nicht zu viel Küchenarbeit ansteht, darf man es sich nach mediterranem Vorbild ruhig leicht machen: Reichen Sie einfach frisches Weißbrot als Beilage – das passt (fast) immer!

Auberginen

Die wegen ihrer Form auch »Eierfrucht« genannte Aubergine stammt aus Asien. Von den hier genannten Gemüsearten

Borlottibohne

braucht sie am meisten Wärme. Für eine Direktaussaat ist unser Sommer zu kurz, es muss auf jeden Fall ab Februar vorgezogen werden.

Auberginenpflanzen haben dank ihrer großen Blätter und ihrer je nach Sorte sehr hübschen Früchte auch Potenzial als Ziergewächse und machen sich gut im Staudenbeet. In großen Kübeln, die mindestens zehn Liter Erde fassen, können sie auf der Terrasse oder dem Balkon gezogen werden. Dort ist es oft noch wärmer und geschützter. Auf ausreichende Bewässerung und Düngung ist unbedingt zu achten. Wenn die Pflanzen größer als kniehoch gewachsen sind, benötigen sie einen Stock als Stütze.

Auberginen sind erntereif, wenn sie nicht mehr ganz so hart sind und die Haut auf Druck leicht nachgibt. Das ist frühestens im August der Fall. Den richtigen Zeitpunkt herauszufinden, erfordert ein wenig Erfahrung. Die aufgeschnittenen Früchte sollten innen nicht mehr grünlich sein, sonst enthalten sie noch zu viel Solanin, das leicht giftig ist.

Auberginen schmecken gebraten sehr lecker, saugen aber viel Fett auf. Eine kaloriensparendere Methode ist es, sie dünn mit Öl einzupinseln und auf dem Blech im Backofen oder in einer antihaftbeschichteten Pfanne zu rösten.

Brokkoli

Brokkoli stellt hohe Ansprüche, er benötigt guten humosen Boden in warmer vollsonniger Lage. Je nach Wetter können im März oder April gekaufte oder selbst gezogene Jungpflanzen in den Garten ausgesetzt werden. Der Brokkoli ist ein Starkzehrer und braucht während des Wachstums gute Düngung, damit es zu einem ordentlichen Ertrag kommt.

Geerntet wird vom Frühsommer bis zum Herbst über einen Zeitraum von mehreren Wochen. Nachdem die Hauptblüte geschnitten wurde, können Sie noch etliche kleine Seitentriebe ernten. Achtung, bei heißem Wetter kann es ganz schnell gehen, dass sich die winzigen Blütenknospen öffnen – dann ist der ideale Erntezeitpunkt überschritten.

Brokkoli gilt neben dem Grünkohl als wertvollste Kohlsorte. Er enthält Mineralstoffe und Vitamine in ausgewogenem Verhältnis, darunter viel Vitamin C sowie Carotinoide, die sich günstig auf den Cholesterinspiegel auswirken. Die im Brokkoli nachweisbaren Antioxidanzien gelten als krebsvorbeugend. All diese Stoffe sind in den zarten jungen Blättern des Brokkolis in noch größerer Menge enthalten. Sie können in die Suppe oder in den Salat gegeben werden.

Aubergine

Brokkoli

Falls Sie einmal mehr Brokkoli ernten, als Sie sofort verbrauchen, lässt er sich ohne weitere Vorbehandlung einfach einfrieren.

Gurken

Das Sortenspektrum bei Gurken ist sehr groß – auch wenn einem im Supermarkt meist nur Salatgurken begegnen. Für leichte Sommereintöpfe ist insbesondere die Schmorgurke ideal geeignet. Fragen Sie nach der Sorte, wenn Sie Jungpflanzen auf dem Markt oder beim Gärtnern kaufen. Sie lassen sich aber auch ab Mitte April leicht selbst aus Samen ziehen. Gurken sind kälteunverträglich und dürfen deshalb erst dann ausgepflanzt werden, wenn kein Frost mehr zu erwarten ist. Sie lieben lockeren Boden, der reichlich mit Kompost oder Mist gedüngt sein darf. Ihr Platzbedarf ist recht groß, man kann sie an einem Rankgitter auch in die Höhe wachsen lassen. Regelmäßiges Wässern ist wichtig, zu kaltes Gießwasser kann die Früchte bitter werden lassen.
Geerntet wird je nach Sorte ab Mitte/Ende Juli. Eine frühe und regelmäßige Ernte fördert die Blüte und damit die Entwicklung weiterer Früchte. Schmorgurken sollte man allerdings länger an den Pflanzen lassen als Salatgurken, die möglichst knackig verzehrt werden wollen.
Gurken enthalten viel Wasser und sind kalorienarm. Sie gelten als basenbildend und daher als ein guter Ausgleich bei einer fleisch- und zuckerreichen Kost.
Gibt es eine Gurkenschwemme, kann man die Früchte in Essig einlegen und damit für Herbst und Winter konservieren – das geht prima mit Salat- oder Schmorgurken.

Gartenbohnen

Unsere heutigen Gartenbohnen wurden von den spanischen Entdeckungsreisenden aus Amerika mitgebracht. Sie sind wärmeliebend und sollten deshalb erst nach den Eisheiligen ausgesät werden. Buschbohnen gehen schneller in den Ertrag als Stangenbohnen, die allerdings eine größere Ausbeute bringen. Für raue Lagen empfehlen sich die robusteren Prunkbohnen, die ebenfalls eine Rankhilfe brauchen.
Die Haupterntezeit für grüne Bohnen ist von Juli bis Anfang Oktober. Zarte Hülsen schmecken am besten, deshalb sollte man regelmäßig durchpflücken. Die Pflanzen werden dadurch auch zur Bildung neuer Blüten angeregt.

Gurken

Gartenbohnen

Dass Bohnen gekocht werden müssen, damit sie verträglich sind, weiß jeder. Durch das Erhitzen wird das giftige Phasin abgebaut. Man muss dazu die Hülsen aber nicht zwangsläufig in Wasser kochen, es ist ebenso ausreichend, sie wie andere Gemüse in Öl zu dünsten. Von allen Bohnenarten kann man auch anstelle der grünen Hülsen die Kerne essen. Besonders gut schmecken sie bei solchen Sorten, die extra auf die Körnerernte hin gezüchtet worden sind wie z. B. Borlottibohnen. Eine Leckerei, die im Handel kaum erhältlich ist, sind milchreife, also junge und nicht getrocknete Bohnenkerne, die binnen weniger Minuten weich gekocht sind.

Bohnen lassen sich gut einfrieren, sie sollten vorher kurz blanchiert werden.

Tomaten

Auch die Tomate stammt aus der Neuen Welt. Das wärmeliebende Nachtschattengewächs wurde in Italien bereits im 18. Jahrhundert angebaut und hat im 20. Jahrhundert seinen Siegeszug über die ganze Welt angetreten. Heute gehört die Tomate zu den beliebtesten Gemüsearten überhaupt. Vor allem aus der modernen Fastfood-Küche ist sie nicht wegzudenken.

Tomaten lassen sich recht einfach kultivieren und sind auch für den Anbau auf dem Balkon gut geeignet, wenn ein mindestens 10 Liter Erde fassender Kübel verwendet wird. Es gibt eine enorme Sortenvielfalt. Wer diese genießen will, muss selbst ab März Jungpflanzen vorziehen, ansonsten können sie einfach auf dem Markt oder beim Gärtner erworben werden. Die Tomate verträgt keinen Frost und kommt daher erst Mitte Mai in den Garten. Sie wünscht sich einen warmen sonnigen Platz und lockere, gut gedüngte Erde. Gefürchtet ist in regnerisch-feuchten Sommern der Befall mit Braunfäule, die binnen weniger Tage alle Pflanzen zerstören kann. Eine Überdachung hilft sehr gut dagegen, in einem geschlossenen Gewächshaus hingegen ist die Luftfeuchtigkeit häufig zu hoch.

Geerntet werden kann ab Mitte oder Ende Juli bis in den Herbst. Wird es sehr kühl, reifen die Früchte nicht mehr am Strauch. Man kann sie abnehmen und in der Wohnung nachreifen lassen.

In der Küche sind Tomaten vielfältig verwendbar, sie schmecken roh ebenso gut wie in Gemüsegerichten, Suppen und Saucen.

Tomaten gelten als sehr gesund, vor allem wegen ihres hohen Gehalts an Lycopin, das krebsvorbeugend wirken soll.

»Im Garten ist es jetzt üppig bunt – man mag gar nicht mehr ins Haus gehen.«

Tomaten

Zucchini

Zucchini sind ein ideales Anfängergemüse. Sie stellen keine hohen Ansprüche und bringen in guten Sommern einen üppigen Ertrag. Die kälteempfindlichen Pflanzen können entweder nach den Eisheiligen direkt im Beet ausgesät werden oder aber man setzt etwa drei Wochen alte vorgezogene Pflanzen. Die jungen Zucchini sind bei Schnecken sehr begehrt, ein Schneckenkragen schafft Abhilfe. Die anfangs kleinen Pflänzchen beanspruchen nach wenigen Wochen einen guten Quadratmeter für sich. In einem guten Sommer reicht eine einzige Pflanze, um eine ganze Familie mit Zucchini zu versorgen, mit zweien ist man auf jeden Fall auf der sicheren Seite.

Geerntet werden kann, sobald einem die Früchte groß genug erscheinen. Wenn man häufig erntet, regt man die Pflanze zur Bildung neuer Früchte an. Ist die Ernte sehr groß, können Zucchini wie Gurken in Essig eingelegt werden. Einfrieren empfiehlt sich nur für fertig gekochte Gerichte, roh gefrorene Zucchini bekommen eine unangenehme Konsistenz. Im Spätsommer kann es sich auch lohnen, große dicke Exemplare ausreifen zu lassen, denn diese kann man dann einige Wochen an einem kühlen, trockenen Ort lagern.

Dicke Bohnen

Die Übergangszeit zwischen Frühjahr und Sommer ist die beste Zeit der Dicken Bohnen. Sie werden in Europa schon seit 5000 Jahren kultiviert und gehören damit zu unseren ältesten Nutzpflanzen.

Bei offenem Boden können sie bereits Ende Februar gelegt werden. Der Abstand zwischen den Kernen soll je nach Größe der Sorte zwischen 10 und 15 cm liegen, die Saattiefe zwischen 4 cm in schweren und 6 cm in leichten Böden. Dicke Bohnen schätzen eher kühles und feuchtes Klima. Sie benötigen nur eine leichte Düngung mit Kompost und reichern wie alle Leguminosen selbst den Boden mit Stickstoff an, der Folgekulturen noch zugutekommt. Höherwachsende Sorten benötigen in windigen Gegenden Reiser oder andere Stützen. Geerntet wird, wenn die Bohnenkerne sich deutlich abzeichnen. Je kleiner die Kerne noch sind, desto schmackhafter und zarter sind sie. Voll ausgereifte Kerne kann man getrocknet lagern. Anders als die Gartenbohne dürfen Dicke Bohnen auch roh verzehrt werden. Häufig sind sie Bestandteil deftiger Gerichte mit viel Fleisch, sie machen sich aber auch in leichten Salaten gut.

Gelbe Zucchini

Dicke Bohnen

Tomatensuppe
frisch aus dem Garten

2 kg sehr reife Fleisch- oder Romatomaten ∗ 2 Zwiebeln ∗
3 Knoblauchzehen ∗ 4 EL Olivenöl ∗ 1 ½ TL Salz ∗
200 g Sahne ∗ 1 TL Majoran ∗ Pfeffer

Eine frische Tomatensuppe schmeckt unvergleichlich gut – am besten an einem lauen Sommerabend im Garten genossen. Wählen Sie dafür großfrüchtige Tomaten mit wenig Kernen aus.

1 Die Tomaten waschen und die Stielansätze entfernen. Mit kochendem Wasser überbrühen, 2 Minuten stehen lassen. Die Tomaten aus dem heißen Wasser nehmen und die Haut abziehen. Gelingt dies noch nicht, einen Moment warten. Das Fruchtfleisch klein schneiden.

2 Zwiebeln und Knoblauch schälen und in kleine Würfel schneiden. Das Öl erwärmen und beides darin bei mittlerer Hitze goldgelb werden lassen. Tomaten und Salz hinzufügen, 10 Minuten bei geschlossenem Deckel leise kochen lassen.

3 Die Sahne aufschlagen. Die Suppe mit dem Majoran und Pfeffer würzen und mit dem Stabmixer pürieren. Auf Teller verteilen und jeweils einen Klecks Sahne in die Mitte geben. Reichen Sie dazu kross aufgebackenes Ciabatta-Brot.

Tipp

Sie können diese Suppe variieren, indem Sie 1 kg Tomaten durch 500 g rotfleischige Paprika und 500 ml Brühe ersetzen. Die Paprika werden dann zusammen mit den Zwiebeln angedünstet. Die Brühe am Ende dazugeben.

Bohnensuppe
mit Salsiccia-Klößchen

1 Zwiebel * 3 EL Rapsöl * 1,2 l Gemüsebrühe *
400 g grüne Bohnen * 400 g frisch ausgepalte Bohnenkerne (ca. 800 g Schoten, ersatzweise Dosenbohnen,
z. B. Flageoletbohnen oder mittelgroße weiße Bohnen) *
400 g Kartoffeln * 100 g Rosinen * 1 TL Fenchelsamen * 1–2 Chilischoten * Pfeffer *
400 g Salsiccia * frisches Bohnenkraut

Salsiccia ist eine grobe italienische Wurst. Sie ist kräftig mit Kräutern gewürzt, meist gehört auch Fenchel dazu. Sollte sie nicht erhältlich sein, können Sie ersatzweise auch normale grobe Bratwurst verwenden.

1 Die Zwiebel schälen und hacken. Das Rapsöl in einem Topf erhitzen und die Zwiebel darin andünsten. Mit der Brühe aufgießen.

2 Die Bohnen putzen und in mundgerechte Stücke schneiden, gegebenenfalls die Palbohnen auslösen bzw. die Bohnen aus der Dose abgießen und abbrausen. Die Kartoffeln schälen, längs halbieren und in Scheiben schneiden. Das Gemüse zusammen mit den Rosinen in die kochende Brühe geben. Die Fenchelsamen hinzugeben und die Suppe nach Geschmack mit Chili und Pfeffer würzen.

3 Das Gemüse 10 Minuten kochen lassen. In der Zwischenzeit das Wurstbrät aus der Pelle lösen und zu Klößchen formen. In die Suppe geben und weitere 10 Minuten köcheln lassen.

4 Das Bohnenkraut fein hacken und vor dem Servieren in die Suppe rühren.

Tipp
Wenn Sie auf Bohnen aus der Dose zurückgreifen, sollten Sie diese erst gegen Ende der Kochzeit zur Suppe geben, damit sie nicht zerkochen.

Milde Gemüsesuppe
mit Semmelknödeln

2 altbackene Brötchen * 100 ml warme Milch * einige Zweige
Petersilie * etwas Rosmarin * 1 Zwiebel * 3 EL Rapsöl *
Salz * 1 Ei * 300 g Porree * 300 g Möhren * 300 g Brokkoli *
1,2 l Gemüsebrühe

Semmelknödel sind viel leichter selbst zu machen, als man denkt. Und sie
schmecken natürlich bedeutend besser als die Variante aus der Tüte. Noch ein
Vorteil: So können Sie Brot- und Brötchenreste sinnvoll verwenden.

1 Die Brötchen klein schneiden und mit Milch übergießen, einige Minuten ziehen lassen.
Die Kräuter waschen, trocken schütteln und fein hacken. Die Zwiebel schälen und würfeln.
1 EL Rapsöl in einem Topf erhitzen und die Zwiebel darin goldgelb braten. Kräuter, Zwiebel,
einen ½ TL Salz und das Ei mit den eingeweichten Brötchen verkneten.

2 Das Gemüse putzen, Porree und Möhren in Scheiben schneiden, den Brokkoli in mundgerechte Stücke zerteilen.

3 Das restliche Rapsöl im Topf erhitzen und den Porree 2–3 Minuten darin andünsten.
Mit der Brühe ablöschen und das restliche Gemüse dazugeben. Die Brühe aufwallen lassen
und das Gemüse auf niedriger Stufe gar kochen.

4 In einem zweiten Topf 2–3 l Wasser aufsetzen. Sobald es kocht, die Temperatur reduzieren. Die Brötchenmasse noch einmal durchkneten und kleine Knödel formen (die Menge
ergibt etwa 8–12 Stück), diese im leise simmernden Wasser 10 Minuten ziehen lassen.

5 Die Knödel auf tiefe Teller verteilen und die Suppe dazugeben.

Kalte Gurkensuppe *mit geräucherter Forelle*

2 Salatgurken * 1 Honigmelone * 150 g Crème fraîche *
½ TL weißer Pfeffer * 1 EL weißer Balsam- oder
Weißweinessig * 1 gestr. TL Salz * einige Zweige Dill *
250 g geräucherte Forellenfilets

Eine kalte Gurkensuppe kommt an richtig heißen Tagen besonders gelegen. Sie sättigt sanft, ohne zu belasten. Kommen die Zutaten direkt aus dem Kühlschrank, ist die Suppe besonders erfrischend.

1 Die Gurken gründlich waschen, längs halbieren und die Kerne mit einem Teelöffel herauskratzen. Die Hälften in Stücke schneiden. Die Melone halbieren und von den Kernen befreien. Das Fruchtfleisch auslösen und zusammen mit den Gurkenstücken in eine große Rührschüssel füllen.

2 Crème fraîche, Pfeffer, Essig, Salz sowie ein paar Zweige Dill dazugeben und alles sehr fein pürieren, bis die Suppe schaumig ist. Die Forellenfilets in kleine mundgerechte Stücke zerpflücken.

3 Die Suppe in Schalen füllen, die Forellenstückchen darüber verteilen und das Ganze mit etwas Dill dekorieren.

Tipp
Diese Suppe ist sommerlich leicht. Bei großem Hunger empfehle ich, knusprige Laugenstangen mit Butter dazu zu reichen.

Eintopf
nach Ratatouille-Art

1 Zwiebel * Olivenöl * 300 g Zucchini * 250 g Paprika *
2 Knoblauchzehen * 750 g Tomaten * 250 g Aubergine *
500 ml Gemüsebrühe * 2 TL Kräuter der Provence * Salz

Ratatouille ist ein südfranzösisches Gemüsegericht, das seinen unvergleichlichen Geschmack dadurch erhält, dass die Zutaten zunächst getrennt voneinander gegart werden. Probieren und genießen Sie!

1 Die Zwiebel schälen und hacken. Etwas Olivenöl in einem großen Topf erwärmen und die Zwiebel darin andünsten. Zucchini putzen, längs halbieren und – sofern vorhanden – das wattige Innere mit den Kernen herauskratzen, das restliche Fruchtfleisch klein schneiden. Paprika putzen und klein schneiden. Die Knoblauchzehen schälen, pressen und zusammen mit dem klein geschnittenen Gemüse zu den Zwiebeln geben.

2 Die Tomaten waschen, vom Stielansatz befreien und in Stücke schneiden. Den Boden eines weiteren Topfes dünn mit Wasser bedecken und die Tomaten darin bei geschlossenem Deckel weich dünsten.

3 Aubergine waschen, abtrocknen und in Scheiben schneiden. Diese von beiden Seiten dünn mit Olivenöl bepinseln und in einer beschichteten Pfanne bei mittlerer Temperatur von beiden Seiten rösten, bis sie bräunen und weich werden.

4 Das Gemüse im ersten Topf mit der Brühe ablöschen, die Kräuter hinzufügen. Die gegarten Tomaten mit dem Stabmixer pürieren und ebenfalls dazugeben. Die Suppe mit Salz abschmecken. Unmittelbar vor dem Servieren die Auberginenscheiben je nach Größe halbieren oder vierteln und unterheben. Dazu passt geröstetes Weißbrot.

Zucchinisuppe
mit Brokkoli und Kasseler

500 g Zucchini * 1 Zwiebel * 1 EL Olivenöl * 400 g Kasselerbraten (gegart) * 500 g Brokkoli * 1 TL Kräuter der Provence *
½ TL Estragon * ½ TL Majoran * 100 g Schmand * Salz *
1 kleine Dose Mais

Zucchini mit ihrem feinen Eigengeschmack profitieren vom Zusammenspiel mit
Gewürzen, Kräutern und – bei dieser Suppe – dem kräftigen Rauchgeschmack des
Kasselerbratens, der in diesem Fall ein ganz neues Geschmackserlebnis beschert.

1 Die Zucchini waschen, putzen und in Scheiben schneiden. Die Zwiebel schälen und
würfeln. Das Olivenöl erwärmen und beides darin ein wenig anbräunen, dann 800 ml
Wasser aufgießen und zum Kochen bringen. Das Kasselerfleisch in die Suppe legen und
alles 20 Minuten köcheln lassen.

2 Den Brokkoli in mundgerechte Röschen schneiden, waschen und in einem Topf mit leicht
gesalzenem Wasser 5–10 Minuten bissfest garen.

3 Das Kasselerfleisch aus der Suppe nehmen, in kleine Würfel schneiden und warm stellen.
Die Kräuter und den Schmand zur Suppe geben. Die Suppe pürieren und mit Salz abschmecken. Die Kasselerwürfel, den Mais und den gegarten Brokkoli zur Suppe geben, alles noch
einmal aufkochen lassen und die Suppe sofort servieren.

Tipp
Etwas weniger herzhaft und feiner im Geschmack wird die Suppe, wenn man anstel-
le von Kasselerbraten gekochten Schinken verwendet. Dieser kommt dann aber erst am
Ende zusammen mit dem Mais in die Suppe.

Dicke-Bohnen-Eintopf
mit Lammhackklößchen

1 mittelgroße Zwiebel * 2 EL Olivenöl * 1 l Rinderbrühe * 500 g ausgepalte
frische Dicke Bohnen-Kerne (ca. 1,2 kg Schoten) * 500 g Hackfleisch vom
Lamm (ersatzweise gemischtes Hack) * 1 TL Salz * 1 TL Pfeffer * 3 gepresste
Knoblauchzehen * Saft von einer ½ Zitrone * frische Petersilie

Lammhack bekommt man ohne Probleme in türkischen Metzgereien. Beim einheimischen Metzger muss Lammfleisch manchmal vorbestellt werden. Oder Sie greifen selbst zum Fleischwolf.

1 Die Zwiebel schälen und in feine Würfel schneiden. Das Olivenöl in einem Topf erhitzen und die Zwiebel darin bräunen. Mit der Brühe ablöschen und die aus den Schoten gelösten Bohnenkerne darin zum Kochen bringen.

2 Das Hackfleisch mit Salz, Pfeffer und Knoblauch verkneten und zu walnussgroßen Bällchen formen. In die Suppe geben und die Temperatur reduzieren, 20 Minuten simmern lassen.

3 Die Suppe mit Zitronensaft abschmecken und mit reichlich frischer Petersilie überstreut servieren.

Tipp
Probieren Sie getoastetes Baguette-Brot mit Knoblauchbutter dazu.

Chilischarfe Fischsuppe
mit Fleischtomaten

Salz * 150 g Pasta al nero di seppia (ersatzweise andere Nudeln) *
1 Zwiebel * 4 Knoblauchzehen * ein paar Chilischoten
(Menge nach Geschmack) * 4 EL Olivenöl * 1,2 l Fischfond *
1 Stängel Zitronengras * 750 g festfleischige Fleischtomaten *
500 g festfleischiges Fischfilet aus MSC-zertifizierter Fischerei *
Salz * ½ Zitrone * frische Petersilie nach Belieben

Die mit der Tinte von Tintenfischen (Sepien) schwarz gefärbte Pasta macht diese
Suppe zu einer wahren Augenweide und verleiht ihr einen besonderen Geschmack.

1 Einen großen Topf mit Salzwasser aufsetzen, zum Kochen bringen und die Pasta darin
nach Packungsanleitung bissfest kochen und abgießen.

2 Die Zwiebel schälen und in halbe Ringe schneiden, den Knoblauch schälen und würfeln
und die Chilischoten mit Handschuhen putzen und vierteln. Das Olivenöl in einem großen Topf
erhitzen und Zwiebel, Knoblauch und Chili darin scharf anbraten, mit dem Fischfond ablöschen.

3 Das Zitronengras in feine Ringe schneiden und zur Suppe geben. Die Tomaten waschen,
putzen und achteln. Fischfilet waschen, trocken tupfen und in mundgerechte Stücke teilen.
Beides in die Suppe geben, einmal knapp aufkochen lassen und die Hitze reduzieren, sodass
Fisch und Tomaten nur noch in der Brühe ziehen. Ohne umzurühren, 5 Minuten garen lassen.

4 Die halbe Zitrone auspressen und den Saft zur Suppe geben. Die Pasta auf Teller verteilen
und die Suppe vorsichtig darüberschöpfen. Nach Belieben mit fein gehackter Petersilie anrichten.

Tipp
Sie können den Fischfond auch selbst herstellen, wenn Sie sich Kopf, Haut und Gräten
des Fisches mitgeben lassen und zusammen mit 2 Lorbeerblättern eine halbe Stunde in
ca. 1,3 l Wasser auskochen, salzen und durch ein Sieb seihen.

Schmorgurkeneintopf *mit Dill*

3 mittelgroße Zwiebeln * 20 g Schmalz (ersatzweise Rapsöl) *
2 rote Paprika * 1 kg Schmorgurken (oder Landgurken) *
¼ l Gemüsebrühe * 3 Tomaten * 1 TL mildes
Paprikapulver * 1 TL Madras-Curry * 1 TL Salz * weißer
Pfeffer * 100 g gewürfelter, magerer Schinkenspeck *
100 g saure Sahne * ½ Bund Dill

Schmorgurken sind ein leichtes Gemüse und belasten das Verdauungssystem kaum.
So sind sie besonders gut für warme Sommertage geeignet. Durch ihr relativ festes
Fleisch eignen sie sich – wie ihr Name schon sagt – besonders gut zum Schmoren.

1 Die Zwiebeln schälen und würfeln. Das Schmalz erhitzen und die Zwiebeln darin andünsten. Die Paprika putzen und in mundgerechte Stücke schneiden. Die Gurken waschen,
der Länge nach aufschneiden und die Kerne mit einem Teelöffel herauskratzen. Die Gurken-
hälften in Scheiben schneiden. Das Gemüse zu den Zwiebeln geben und mit der Gemüsebrühe ablöschen.

2 Die Tomaten vom Stielansatz befreien und die Haut einritzen. Mit kochendem Wasser
überbrühen, einige Minuten stehen lassen und enthäuten, dann vierteln und in den Eintopf
geben. Paprikapulver, Curry, Salz und nach Belieben Pfeffer hinzufügen und alles 10 Minuten
köcheln lassen.

3 Den gewürfelten Speck und die saure Sahne unterrühren und den Eintopf noch weitere
5 Minuten ziehen lassen. Den Dill gründlich waschen und klein schneiden, beim Servieren
über den Eintopf streuen.

Tipp
Das Gericht kann gut mit Hackfleischbällchen (s. S. 116) anstelle des Schinkenspecks variiert
werden. Wer größeren Hunger hat, isst mit Butter bestrichenes Bauernbrot dazu.

Linsensuppe
mit gebratener Aubergine

1 Zwiebel * Olivenöl * 100 g rote Linsen * Salz * 1 mittelgroße Aubergine * 3 EL Tomatenmark * 1 TL Zucker *
½ TL Majoran * ½ TL Kreuzkümmel * Chili oder Pfeffer
nach Belieben * 500 g Cherrytomaten * 100 g entkernte
schwarze Oliven * 1 TL Zitronensaft * gehackte frische Minze

Geschälte rote Linsen gibt es im türkischen Gemüseladen oder im Bioladen.
In der Küche sind sehr sie vielseitig verwendbar. Sie eignen sich gut für
»Spontaneinsätze«, da sie auch ohne vorheriges Einweichen nach kurzer
Kochzeit weich werden und zerfallen.

1   Die Zwiebel schälen und würfeln. Etwas Olivenöl in einem Topf erhitzen und die
Zwiebel darin anbraten, mit 1,2 l Wasser ablöschen. Die Linsen und 1 TL Salz einrühren
und das Ganze zum Kochen bringen.

2   Die Aubergine in Scheiben schneiden (ca. 0,5 cm dick), mithilfe eines Backpinsels
dünn mit Olivenöl bestreichen und in einer beschichteten Pfanne von beiden Seiten vorsichtig rösten, bis sie weich sind. Herausnehmen, halbieren und warm stellen.

3   Wenn die Linsen zerfallen sind (etwa nach 20 Minuten), Tomatenmark, Zucker und
die Gewürze in die Suppe rühren. Wenn Sie es scharf mögen, mit Chili oder Pfeffer würzen.
Die Cherrytomaten dazugeben und die Suppe 5 Minuten bei geringer Hitze ziehen lassen.

4   Die Oliven halbieren und zusammen mit den Auberginenstücken unterziehen. Die Suppe
mit Zitronensaft und ggf. noch etwas Salz abschmecken. Mit Minze überstreuen und sofort
servieren.

Zweierlei Bohnensuppe
mit Roter Bete

300 g grüne Bohnen ＊ 2 mittelgroße Zwiebeln ＊
3 EL Olivenöl ＊ 300 g Rote Bete ＊ 300 g Paprika ＊
300 g Borlottibohnenkerne (ca. 600 g Schoten)
(ersatzweise Dosenbohnen) ＊ ½ TL Kreuzkümmel ＊
1 TL Majoran ＊ 1 kleine Chilischote ＊ ca. 1½ TL Salz ＊
200 g saure Sahne

Diese unkomplizierte Suppe eignet sich bestens dazu, direkt im Garten zubereitet zu werden. Sofern vorhanden, können Sie eine Handvoll frische Kräuter hacken und dazu reichen.

1 Die Bohnen putzen und in mundgerechte Stücke schneiden. Die Zwiebeln schälen und hacken. Das Öl in einem Topf erwärmen und die Zwiebeln darin anbraten. 1200 ml heißes Wasser hinzufügen und zum Kochen bringen.

2 Rote Bete schälen und würfeln, 300 g davon abwiegen. Paprika in Stücke schneiden, die Borlottibohnen palen.

3 Das Gemüse ins heiße Wasser geben (wenn Sie Dosenbohnen verwenden, kommen diese erst 5 Minuten vor Ende der Garzeit zur Suppe) und einmal aufkochen lassen, dann bei geringer Hitze 20 Minuten garen. Die Gewürze nach der Hälfte der Kochzeit hinzufügen. Die Suppe mit Salz abschmecken.

4 Die Suppe sofort servieren und etwas saure Sahne dazugeben.

Klare Tomatensuppe
mit Schafskäsenockerln

3 kg reife Tomaten * Salz * ½ Paprika * 1 EL Olivenöl *
1 trockenes Brötchen (oder 40 g Semmelbrösel) *
1 EL Speisestärke * ½ TL Salz * 150 g Schafskäse *
1 Handvoll Kräuter, z. B. Thymian, Oregano, Salbei * 1 Ei

Dieses Rezept ist genau dann das richtige, wenn die Tomatenernte ihren Höhe-
punkt erreicht hat und Sie nicht mehr wissen, wohin mit den ganzen Früchten.

1 Die Tomaten gründlich waschen, putzen und grob in Stücke schneiden. In einem großen
Topf den Boden dünn mit Wasser bedecken, die Tomaten darin zum Kochen bringen und dann
20–30 Minuten köcheln lassen. Die Tomaten durch ein feines Sieb gießen, sodass sich etwa
1,5 Liter recht klarer Sud von den festen Teilen trennt. Mit Salz abschmecken und warm stellen.

2 Während die Tomaten kochen, Paprika ganz fein würfeln, Olivenöl in einem Topf erwärmen und die Würfel 10 Minuten dünsten.

3 Einen großen Topf mit leicht gesalzenem Wasser aufsetzen. Das Brötchen reiben, mit
Stärke und Salz vermischen. Den Schafskäse mit einer Gabel grob zerdrücken. Die Kräuter
gründlich waschen, abtrocknen und fein hacken. Mit dem gedünsteten Paprika, dem Ei und
der Semmelbröselmischung verkneten. Die Masse mit Löffeln oder mit befeuchteten Händen
zu Nockerln formen. Die Nockerln ins Salzwasser geben und knapp unter dem Siedepunkt
8–10 Minuten ziehen lassen.

4 Die Schafskäsenockerln in tiefe Teller geben und mit dem Tomatensud übergießen.
Sofort servieren.

Tipp
Die zurückgebliebene Tomatenmasse können Sie gut als Pizzabelag oder für eine Pastasauce
verwenden, sie lässt sich auch einfrieren.

HERBSTSUPPEN

voller Aroma!

Herbstsuppen –
voller Kraft und Aroma

Erntedankfeiern – das gibt es vielen Kulturen. Christen feiern in Deutschland traditionell Ende September oder Anfang Oktober, der »Thanksgiving Day« ist ein staatlicher Feiertag in den USA gegen Ende November. Eine reiche Herbsternte garantiert das Überleben eines langen Winters – für viele Menschen ist dies heute angesichts eines gleichbleibend üppigen Angebotes in den Supermärkten gar keinen Gedanken mehr wert. Schade, denn das zeugt auch von geringer Achtsamkeit gegenüber unseren Lebensmitteln.

Die Zeit der Fülle

Der Garten sieht nun nicht mehr so schön aus, aus einst gerade Beetreihen sind teilweise ausufernde Pflanzeninseln geworden, andernorts klaffen schon Lücken, und anstelle von sattem, frischem Grün sieht man immer häufiger Gelb und Braun. Die ersten Blätter sind von den Bäumen gefallen und sorgen für Farbtupfer auf dem Salat oder Grünkohl, alles wirkt ein bisschen unaufgeräumt, ja sogar morbide. Dennoch ist der Herbst die Zeit der Fülle im Gemüsegarten, jetzt ist die Vielfalt am größten, denn fast alle Gemüsearten, die im Sommer geerntet werden können, stehen auch im Herbst noch zur Verfügung. Hinzu kommen die ersten Lagergemüse, die uns durch den Winter begleiten werden. Manch eine Kultur, die für sommerliche, lange Tage nicht geeignet ist, wie zum Beispiel Spinat oder Feldsalat, hat nun ein Comeback.

So lange draußen lassen wie möglich

Im Herbst stehen Nutzungsgärtner immer wieder vor derselben Frage: Wann ernte ich am besten? Wenn man doch nur wüsste, wie hart der kommende Winter wird und wann erste Fröste zu erwarten sind. Faustregeln kann es hier nicht geben, denn regional ist das Klima dafür zu unterschiedlich. Hilfreich ist es hingegen, sich über die Jahre Notizen über eigene Beobachtungen vor Ort zu machen und Wetterberichte zu verfolgen. Wärmeliebende Gemüse wie Tomaten, Zucchini oder Paprika vertragen gar keinen Frost. Sie sollten geerntet werden, solange die Nachttemperaturen noch nicht unter die 5-°C-Marke rutschen und dann entweder drinnen im Warmen

Frisch geerntete Zwiebeln

noch zum Nachreifen ausgelegt oder aber verarbeitet werden. Vor dem Frost müssen auch Kartoffeln, Zwiebelgemüse und Kürbis ins Haus.

Bei vereinzelten Raureifnächten können viele Herbstgemüse jedoch gut auf dem Beet ausharren. Zu ihnen gehören die meisten Kohlarten und Wurzelgemüse sowie Wintersalate, zum Beispiel Endiviensalat oder Chinakohl. Wenn es danach wieder wärmer wird, wachsen sie noch weiter und vor allem halten sie auf dem Beet am besten frisch. Auf der sicheren Seite ist man, wenn man sie mit etwas Vlies bedeckt.

Einlagern und Aufbewahren

Einkochen und Einfrieren sind bekannte und unkomplizierte Verfahren, Gartengemüse haltbar zu machen. Viele Arten lassen sich aber auch so, wie sie vom Beet kommen, einlagern – das schont Inhaltsstoffe und die Umwelt. In einem kühlen Keller oder einer frostfreien Garage können in Sand eingeschlagen überwintern: Möhren, Beten, Selleries, Rettiche und Steckrüben. Kopfkohl kann umgekehrt hängend aufbewahrt werden, die äußeren Blätter trocknen dann ein und müssen vor der Verarbeitung entfernt werden. Kartoffeln mögen einen Keller mit hoher Luftfeuchtigkeit, die Temperaturen dürfen aber nicht unter 4 °C sinken. Ab und an durchschütteln beugt der Keimbildung vor. Trocken und nicht allzu warm im Haus lagern Zwiebeln, Knoblauch und Kürbis am besten. Eingelagert werden darf nur vollkommen gesundes Gemüse ohne Verletzungen.

Den Sommer auf Vorrat

Obst und Gemüse haben den Sommer über die Sonnenenergie gespeichert und sind voller Aroma – nicht zu vergleichen mit Produkten aus dem Treibhaus. Das macht auch ihren besonderen gesundheitlichen Wert aus. Typische Herbst- und Wintergemüse wie Zwiebeln und Porree sowie Kohlgemüse enthalten Inhaltsstoffe, die uns in der Erkältungszeit dabei helfen, den allgegenwärtigen Viren zu trotzen. Kohl weist einen hohen Vitamin-C-Gehalt auf, zudem wirken sich die im Kohl reichlich vorhandenen Senföle positiv auf das Immunsystem aus. Zwiebelgemüse gilt wegen der darin enthaltenen Schwefelverbindungen als antibakteriell und antiviral wirkend – nicht umsonst gibt es etliche Hausmittel mit Zwiebeln gegen Husten und andere Erkältungsfolgen.

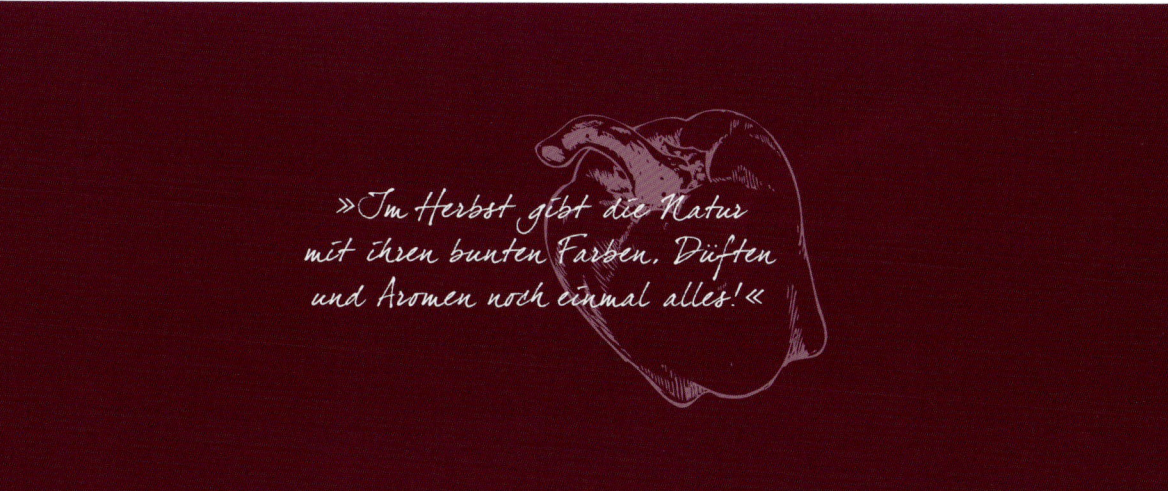

»Im Herbst gibt die Natur mit ihren bunten Farben, Düften und Aromen noch einmal alles!«

Chili und Paprika

Peperoni, Chili, Paprika – sie alle gehören zur Gattung Capsicum und unterscheiden sich mehr in Form, Geschmack und Größe als in ihren Kulturbedingungen. Bei uns werden die wärmeliebenden Pflanzen einjährig gezogen, in ihrer südamerikanischen Heimat jedoch wachsen sie mehrjährig und entwickeln sich zu größeren Büschen. Da unsere Sommer kurz sind, müssen Jungpflanzen vorgezogen oder beim Gärtner gekauft werden. Sie wünschen sich einen sonnigen, windgeschützten Platz im Garten und möchten gut gedüngt werden. In Kübeln auf Balkon oder Terrasse gedeihen sie besonders gut, weil sie »warme Füße« schätzen. Die meist etwas kleiner bleibenden Chilis kommen mit 5 Liter Erde zurecht, größere Paprikapflanzen benötigen einen 10-Liter-Kübel. Geerntet wird, sobald die Früchte ihre endgültige Größe erreicht haben. Sie können dabei noch grün sein, dann schmecken sie weniger süß, was für manche Gerichte aber auch erwünscht ist. Richtig abgereift – je nach Sorte gelb, rot oder orange –, ist das Aroma am besten entwickelt.

Die Schärfe von Chili wird meist auf einer Skala von 1 bis 10 unterschieden. Für Ungeübte sind Sorten mit einem Schärfegrad von mehr als 3 in der Regel nicht mehr genießbar. Trainierte hingegen lieben den Kick der besonders scharfen Sorten. Das Brennen auf Zunge und Schleimhäuten veranlasst den Körper dazu, Endorphine auszuschütten, die für ein wohliges Gefühl sorgen.

Entfernt man bei Chilis die Kerne und Innenhäute, nimmt man ihnen einen Teil der Schärfe und kann das fruchteigene Aroma besser wahrnehmen.

Ist die Chili-Ernte sehr üppig ausgefallen, kann man die Früchte mittig aufgeschnitten im Zimmer auf der Heizung oder in der Sonne trocknen und somit leicht konservieren. Paprika sollten besser eingefroren werden.

Gemüsefenchel

Fenchel kennen wir als Tee- bzw. Gewürzpflanze und als knollenbildendes Gemüse. Letzteres enthält ebenfalls die typisch anisartigen ätherischen Öle und sorgt damit für eine besondere, leicht süßliche Geschmacksnote im Essen.

Gemüsefenchel eignet sich vor allem für den Anbau zur Herbsternte. Er kann entweder ab Mai vorgezogen oder in sehr warmen Gegenden ab Juni direkt ausgesät werden.

Chili und Paprika

Gemüsefenchel

Wichtig ist es, auf gleichmäßige Wasserzufuhr zu achten, damit die Knollen beim Wachsen nicht platzen.

Geerntet wird im Herbst bis zum Frost. Gemüsefenchel hält sich zwei bis vier Wochen im Gemüsefach des Kühlschrankes und kann auch eingefroren werden.

In der Küche macht sich Fenchel gut sowohl als Rohkost in gemischten Salaten wie als gegartes Gemüse. Er harmoniert sehr gut mit Zwiebeln, Möhren und Kartoffeln und schmeckt sowohl mit Käse überbacken wie in Kombination mit Fisch oder Fleisch. Ein ideales Gemüse also, das zudem harmonisierend auf die Verdauung wirkt.

Kürbis

Orange leuchtende Kürbisse sind zum Synonym für Herbstgemüse geworden. Damit haben die großen, dicken Früchte innerhalb weniger Jahrzehnte eine rasante Karriere hingelegt, denn früher galten sie vor allem als Tierfutter und wurden bestenfalls süß-sauer eingelegt verzehrt.

Der Kürbisanbau ist nicht schwer, man benötigt allerdings viel Platz, da eine Pflanze manchmal mehrere Meter weit ranken kann. Ab Mitte Mai kann direkt ausgesät werden, Vorziehen bringt einen Vorsprung von zwei bis vier Wochen. Das größte Problem am Anfang sind gefräßige Schnecken, denen man am besten mit einer mechanischen Barriere – Schneckenkragen oder -zaun – beikommt. Größere Pflanzen werden nicht mehr angefressen.

Geerntet werden kann Kürbis, wenn der Stiel an der Frucht zu verholzen begonnen hat. Ist das Wetter trocken und warm, können Sie die Frucht ruhig noch länger an der Pflanze lassen, gut ausgereift, ist sie besonders lagerfähig. Spätestens vor den ersten Frösten müssen die Kürbisse ins Haus gebracht werden und bevorzugen dort einen trockenen Lagerplatz. Je nach Sorte halten sie einige Monate.

Für die Verwendung in der Küche eignen sich kleinfrüchtige Sorten wie Hokkaido oder Butternut am besten, da Kürbisse schnell verbraucht werden müssen, sobald sie erst einmal angeschnitten sind. Man kann das Fruchtfleisch übrigens auch roh geraspelt im Salat genießen.

Zwiebeln

Ohne die würzigen Zwiebeln wäre es in der Küche ziemlich langweilig. Sehr viele Gerichte und vor allem Suppen und

Kürbis (Butternut)

»Herbstgemüse hat die Energie der Sommersonne gespeichert.«

Saucen profitieren von dem kräftigen Aroma einer gehackten und angebratenen Zwiebel.

Es ist nicht schwer, sie im Garten zu kultivieren. Entweder man sät ab März selbst aus – dann steht eine weitaus größere Sortenvielfalt zur Verfügung – oder man wählt den unkomplizierteren Weg und pflanzt kleine Steckzwiebelchen ein. Bei nicht so kalten Wintern geht das sogar schon im Herbst. Zwiebeln schätzen einen vollsonnigen Platz im Garten und haben einen mittelhohen bis hohen Nährstoffbedarf, sehr positiv reagieren sie auf Kompost. Geerntet wird erst, wenn das Laub welk geworden ist. Es bringt keinen Vorteil, das Grün runterzutreten, um diesen Vorgang zu beschleunigen. Ziehen Sie lieber ein paar noch grüne Exemplare für den sofortigen Bedarf und lassen Sie die anderen ausreifen, so halten sie besser auf dem Lager. In der Küche ist die Zwiebel vielfältig gefragt. Das leidige Weinen beim Schälen und Schneiden können Sie verhindern, indem Sie währenddessen konsequent durch den Mund statt durch die Nase atmen. Die Art und Weise, wie Zwiebeln angebraten werden, hat übrigens starken Einfluss auf ihren Geschmack: Lässt man sie langsam goldgelb werden, verströmen sie milde Süße. Brät man sie rasch braun, werden sie kräftig aromatisch bis bitter.

Sellerie

Schon seit Jahrtausenden wird der Sellerie als Kulturpflanze genutzt, jedoch hat man früher vor allem die Blätter verzehrt. Der heute weitverbreitete Knollensellerie ist erst im 18. Jahrhundert populär geworden. Der Anbau ist unkompliziert, wenn man vorgezogene Pflanzen kauft. Sie werden ab Mai gesetzt. Der Sellerie benötigt gute Düngung sowie regelmäßige Wässerung und darf nicht zu tief gepflanzt werden. Geerntet wird ab Ende August, wobei die Knollen im Herbst noch weiterwachsen. Sie vertragen leichten Frost, sollten aber spätestens dann gezogen und eingelagert werden, wenn mehrere Frosttage zu erwarten sind.

Der Knollensellerie wird in der Küche zunächst mit einer Bürste von grob anhängendem Schmutz befreit, dann wird er mit dem Messer geputzt. In Würfel geschnitten, kann man ihn gut einfrieren. Wenn Sie verhindern möchten, dass der Sellerie braun anläuft, beträufeln Sie ihn mit Zitronensaft.

Frisches Selleriegrün muss nicht weggeworfen werden, sondern kann ebenfalls in der Küche genutzt werden. Wählen sie jüngere, noch nicht so harte Blätter aus. Diese lassen sich fein gehackt gut einfrieren und als Suppenwürze verwenden.

Zwiebeln

Sellerie

Porree

In Süddeutschland wird das in ganz Mitteleuropa beliebte und verbreitete Gemüse Lauch genannt. Er ist einfach zu kultivieren, jedoch benötigt man in vielen Regionen mittlerweile Kulturschutznetze, um den Porree vor dem Befall mit der erst seit einigen Jahren auftretenden Lauchminiermotte zu schützen. Ansonsten ist der Porree anspruchslos. Er wird im Frühjahr vorgezogen oder auch direkt gesät, benötigt gute Düngung und einen sonnigen Standplatz. Wenn man lange, weiße Schäfte haben will, muss man während des Wachstums anhäufeln. Achten Sie beim Saatgutkauf darauf, die richtige Sorte für die gewünschte Erntezeit zu kaufen. Es gibt Herbst- und Winter- sowie Sommersorten.

Porree kann jederzeit nach Bedarf geerntet werden, sofern er nicht durchgefroren ist. Wenn man die Stange knapp oberhalb des Erdbodens abschneidet, treiben im Frühjahr feine junge Lauchstängel aus, wenn sonst noch kaum etwas wächst.

In der Küche ist es wichtig, die Lauchstangen gründlich zu waschen, denn durch das Anhäufeln kann Erde auch zwischen die Blätter gelangen. Diese entfernt man am besten, wenn man den Porree vor dem Waschen längs aufschneidet.

Möhren

Unsere Möhre, regional auch als Karotte oder Gelbe Rübe bekannt, ist eine Züchtung aus der hierzulande heimischen Wilden Möhre. Das Wurzelgemüse benötigt tiefgründigen, gut gelockerten Gartenboden und wird ab März oder April ausgesät. Sorten für die Herbsternte benötigen eine lange Entwicklungszeit. Der wichtigste Schädling ist die Möhrenfliege, Kulturschutznetze helfen ohne Chemie. Zu eng gesäte Möhren müssen ausgezogen werden, man kann sie gut abgeschrubbt auch ohne Schälen essen.

Geerntet wird ab Spätsommer nach Bedarf. Wählen Sie zuerst die größeren Exemplare aus, haben die kleineren Wurzeln noch Gelegenheit weiterzuwachsen. Leichte Minustemperaturen überstehen die Möhren im Beet. In feuchten Sand eingeschlagen, kann man sie wochenlang im kühlen Keller oder der frostfreien Garage aufbewahren.

In der Küche gehören Möhren zu den am vielseitigsten verwendbaren Gemüsesorten. Sie schmecken roh ebenso wie gekocht und harmonieren mit vielen anderen Gemüsearten in der Suppe. Der süß-aromatische Geschmack kommt besonders zur Geltung, wenn man Möhren in Öl dünstet.

Porree

Möhren

Gulaschsuppe
mit frischem Chili

400 g Rindergulasch * 3 EL Rapsöl * so viel frische Chilischoten,
wie Sie mögen * 3 Zwiebeln * 3 Knoblauchzehen * Salz *
2 EL süßes Paprikapulver * ½ TL Kreuzkümmel * 2 EL Tomatenmark * 400 g Paprika * 400 g festkochende Kartoffeln *
1 TL Zucker * 2 TL Weinessig

Gulaschsuppe ist ein klassisches Gericht aus Ungarn, von dem eine Vielzahl an Variationen existiert. So gibt es zum Beispiel Rezepte, bei denen eine Kochzeit von mehr
als sechs Stunden veranschlagt wird. Dieses hier besticht dagegen durch sein »Feuer«.

1 Das Rindfleisch in eher kleine Stücke schneiden (lassen). Das Rapsöl erhitzen und das
Fleisch darin von allen Seiten scharf anbraten.

2 Kerne und Häute der Chilischoten mit Handschuhen entfernen, die Chilis in feine Ringe
schneiden. Zwiebeln und Knoblauchzehen schälen. Die Zwiebeln grob, den Knoblauch fein
würfeln und zum Fleisch geben. Zusammen einen Moment bräunen, dann mit 1,2 l Wasser
aufgießen. Mit 2 TL Salz, Paprikapulver, Kreuzkümmel und Tomatenmark aufkochen lassen
und 1,5 Stunden auf kleiner Flamme köcheln lassen.

3 Paprika putzen, waschen und in mundgerechte Stücke schneiden. Kartoffeln schälen
und je nach Größe vierteln oder achteln. Beides zum Gulasch geben und eine weitere halbe
Stunde kochen lassen.

4 Das Gulasch mit Zucker, Essig und gegebenenfalls noch etwas Salz abschmecken.

Tipp
Wenn die Suppe doch ein wenig zu scharf geworden ist, bringt ein wenig saure Sahne
Linderung für Ihre aufgebrachten Geschmacksknospen.

Fenchel-Bohnen-Topf *mit Feta*

1 kg Gemüsefenchel * 2 mittelgroße Zwiebeln * 4 EL Olivenöl * 1 l Gemüsebrühe * 1 große Dose weiße Riesenbohnen
(ca. 500 g Abtropfgewicht) * 1 TL Kräuter der Provence *
50 ml Weißwein * 200 g Ziegenfeta (sehr geeignet ist der
von Gazi) * 100 g grüne Oliven mit Kräutern

Bohnen liefern hochwertiges pflanzliches Eiweiß. Besonders gut eignen sich hier
Sorten mit Biss – wer frische milchreife, also junge Borlottibohnen im Garten hat,
kann auch diese sehr gut verwenden, dann etwa 10–15 Minuten mitkochen.

1 Den Fenchel waschen, putzen, das frische Grün beiseitelegen. Die Zwiebeln schälen.
Fenchel und Zwiebeln in Würfel schneiden. Das Öl in einem möglichst breiten Topf erhitzen
und die Gemüsewürfel darin bei mittlerer Hitze anbräunen, ab und zu umrühren. Mit Gemüsebrühe ablöschen, zum Kochen bringen und ca. 15 Minuten bei niedriger Hitze garen.

2 Die Bohnen abtropfen lassen, dazugeben und warm werden lassen. Die Kräuter und den
Weißwein hinzufügen. Den Ziegenkäse in Würfel schneiden und zusammen mit den Oliven
vorsichtig unterheben. Die Suppe noch 2–3 Minuten ziehen lassen, dann mit geröstetem
Graubrot servieren.

Variante
Anstelle von Ziegenfeta lässt sich das Gericht sehr lecker auch mit Thunfisch zubereiten.
Der in Würfel geschnittene Fisch muss 5–8 Minuten garen.

Kürbissuppe
mit Curry und Frischkäse

1 Hokkaidokürbis (ca. 1 kg) * 1 Zwiebel * 1 EL Rapsöl *
500 g mehligkochende Kartoffeln * 200–250 g Frischkäse *
2 TL Madras-Curry * Salz * 1 daumengroßes Stück
Ingwer * Chilipulver nach Belieben

Hokkaido gehört zu den beliebtesten Kürbissorten. Er schmeckt intensiv und ist leicht zu verarbeiten, da er mit Schale zubereitet werden kann. Die meisten anderen Sorten müssen geschält werden, können aber natürlich genauso verwendet werden.

1 Den Kürbis waschen und unansehnliche Stellen entfernen. Den Kürbis zerteilen, die Samen mit einem Esslöffel herausschaben und dabei das Fruchtfleisch von weichen Fasern säubern. Fruchtfleisch in mittelgroße Stücke schneiden.

2 Die Zwiebel schälen und würfeln. Das Rapsöl in einem großen Topf erhitzen und die Zwiebel darin glasig braten, dann 1 l Wasser aufgießen.

3 Die Kartoffeln schälen, in grobe Stücke schneiden und zusammen mit den Kürbisstücken in den Topf geben. Das Gemüse etwa 20 Minuten weich kochen.

4 Frischkäse, Curry und 1 TL Salz unterrühren. Die Suppe mit einem Stabmixer fein pürieren, gegebenenfalls noch mit etwas Wasser verdünnen.

5 Den Ingwer schälen, fein würfeln und ebenfalls dazugeben. Die Suppe weitere 5 Minuten ziehen lassen. Nach Belieben mit Chilipulver würzen und mit Salz abschmecken.

Tipp
Zu dieser wärmenden Suppe schmeckt Bauernbrot mit knuspriger, dicker Kruste besonders gut. Probieren Sie die Suppe auch einmal mit einer ordentlichen Portion frischem, klein gehacktem Kerbel überstreut.

Fruchtigscharfe Chilisuppe
mit Zwetschgen

500 g rote Zwiebeln ∗ 500 g bunte Paprika ∗
3 EL Olivenöl ∗ 500 g Zwetschgen ∗ 1 Stück Ingwer
(ca. 1,5 cm) ∗ frische Chilischoten ∗ ½ TL Kreuzkümmel ∗ Salz ∗ Pfeffer ∗ Zimt ∗ Muskat

Diese Suppe schmeckt am besten mit fruchtigen Chilisorten wie »Criolla Sella«
oder – wer es so richtig scharf mag – »Habanero«. Die Menge wählen Sie bitte
einfach nach Belieben.

1 Die Zwiebeln schälen, die Paprika putzen und waschen, beides in halbe Ringe schneiden.
Das Olivenöl in einem Topf erwärmen und beides darin anbraten. Mit 1,2 l Wasser aufgießen
und 10 Minuten leise kochen lassen.

2 Die Zwetschgen waschen, entkernen und vierteln. Den Ingwer schälen und sehr fein
würfeln, die Chilis mit Handschuhen von Innenhäuten und Kernen befreien und in Ringe
schneiden. Alles zusammen mit dem Kreuzkümmel in die Suppe geben und weitere
5 Minuten kochen.

3 Die Suppe mit Salz und mit den übrigen Gewürzen abschmecken.
Dazu passt Zwiebel-Baguette.

Variante
Um eine gehaltvollere Version der Suppe zu erhalten, können Sie sie auch gut mit Rinderhack-
bällchen (s. S. 116) zubereiten.

Selleriecremesuppe
mit Nordseekrabben

500 g Knollensellerie * 500 g mehligkochende Kartoffeln *
1 Zwiebel * 1 EL Butter * 1 TL Salz * 200 g Sahne *
1 Prise Muskat * 200 g Nordseekrabben * Schnittlauch

Diese sehr milde Suppe ist einfach zubereitet und doch nicht ganz alltäglich. Sie wird auch von Menschen gemocht, die Sellerie pur nicht gerne essen.

1 Den Sellerie putzen, die Kartoffeln schälen und beides in mittelgroße Stücke schneiden. Die Zwiebel schälen und grob hacken. Die Butter erwärmen und die Zwiebel kurz darin andünsten, sie soll nicht bräunen. Mit 1 l Wasser aufgießen, Salz und Gemüse hinzufügen und aufkochen lassen.

2 Nach 20 Minuten sollte das Gemüse weich sein, nun die Sahne unter die Suppe rühren und eine Prise Muskat hineinreiben. Mit dem Stabmixer fein pürieren.

3 Die Krabben unter fließendem, handwarmem Wasser abspülen, abtropfen lassen und zur Suppe geben. Die Suppe nun nicht mehr kochen und die Krabben vor dem Servieren nur kurz durchziehen lassen. Die Suppe nach Belieben mit Schnittlauch bestreuen und sofort servieren.

Variante

Da die Suppe an sich sehr mild schmeckt, kommt das Aroma der Einlage besonders gut zur Geltung. Anstelle von Krabben können Sie auch Stremellachs verwenden.

Schnelle, wärmende Gemüsesuppe
mit Currypaste

2 Möhren * 1 mitteldicke Stange Porree * 1 roter
Paprika * 3 EL Rapsöl * 1 daumengroßes Stück Ingwer *
1,5 l Hühnerbrühe oder -fond * Schnittsellerie (o. Grün von
Knollensellerie) * 1–2 TL gelbe Currypaste (ersatzweise
Currypulver) * Salz

Currypasten werden vor allem in der thailändischen Küche gerne verwendet.
Sie schmecken fruchtiger und intensiver als getrocknete Curryzubereitungen.
Statt Schnittsellerie können Sie auch (ansehnliches) Grün vom Knollensellerie
verwenden. Dieses kann klein geschnitten gut eingefroren werden.

1 Das Gemüse putzen und in dünne Streifen schneiden – je feiner das Gemüse geschnitten ist, desto schneller gart die Suppe. Das Gemüse getrennt sammeln. Das Rapsöl in einem
Topf erhitzen und die Möhren darin etwa 2 Minuten anbraten, dann den Porree hinzugeben
und nach weiteren 2 Minuten den Paprika.

2 Den Ingwer schälen, in kleine Würfel schneiden und zum Gemüse geben, mit Hühnerbrühe oder -fond ablöschen und alles aufkochen lassen. Den Schnittsellerie waschen, trocken
schütteln, fein hacken und unterrühren. 10 Minuten leise kochen lassen.

3 Die Suppe mit Currypaste und gegebenenfalls etwas Salz abschmecken.

Variante
Fein geschnittene Hähnchenbrust passt gut dazu, wenn eine Fleischeinlage erwünscht ist.
Wer es gerne herzhafter mag, kann grünen anstelle von rotem Paprika nehmen.

Herbstsuppe
mit Möhren und Pak Choi

1 Zwiebel * 200 g Hähnchenbrust * 2 EL Rapsöl *
1 EL Erdnussöl (ersatzweise Rapsöl) * 1 mittelgroße
Möhre * 3 Knoblauchzehen * 250 g Pak Choi (ersatzweise Chinakohl) * 1,2 l Hühnerbrühe oder -fond *
1 TL Sambal Oelek * 2 TL Sojasauce * 2 TL Zucker *
1 TL Weinessig * 250 g braune Champignons

Pak Choi ist ein typisches Langtag-Gemüse und kann deshalb erst im Herbst
erfolgreich angebaut werden – im Sommer würde er zu schnell in Blüte gehen.
Dafür ist der Pak Choi schnellwüchsig und hält auch Temperaturen um den
Gefrierpunkt noch aus.

1 Die Zwiebel schälen und in feine Scheiben schneiden. Die Hähnchenbrust in Streifen
schneiden. Das Raps- und Erdnussöl in einem Topf erhitzen, Zwiebel und Hähnchen darin
scharf anbraten.

2 Die Möhre schälen und mit einem Gurkenhobel in dünne Scheiben schneiden. Den
Knoblauch schälen, fein hacken und zusammen mit der Möhre in den Topf geben. Unter
Rühren weiter anbraten.

3 Den Pak Choi in Streifen schneiden, waschen und unterrühren. Hühnerbrühe oder -fond
aufgießen, Sambal Oelek, Sojasauce, Zucker und Essig zugeben. 5 Minuten leise kochen lassen.

4 In der Zwischenzeit die Champignons putzen und würfeln. Zur Suppe geben und weitere
5 Minuten köcheln lassen. Die Suppe bei Bedarf mit Salz abschmecken.

Paprika-Eintopf
mit Merguez

500 g Paprika ＊ 4 Zwiebeln ＊ 2 Knoblauchzehen ＊
3 EL Olivenöl ＊ 800 ml Rinderbrühe ＊ 500 g Gartenbohnen ＊ 1–2 Chilischoten ＊ 500 g Tomaten ＊
300 g Merguez

Merguez ist eine scharfe Lammbratwurst, die ursprünglich aus Marokko stammt und sich von dort über Frankreich in Europa ausgebreitet hat. Wer sie nicht bekommt, kann ersatzweise eine grobe Paprikabratwust verwenden.

1 Die Paprika putzen und in mundgerechte Stücke zerteilen. Die Zwiebeln schälen und grob würfeln. Den Knoblauch schälen und in feine Scheiben schneiden. 2 EL Olivenöl in einem Topf erwärmen und das Gemüse darin etwa 5 Minuten anbraten, zwischendurch rühren. Das Gemüse mit der Rinderbrühe ablöschen und auf leiser Flamme garen lassen.

2 Unterdessen die Bohnen putzen und in etwa 2 cm lange Stücke schneiden. Chili der Länge nach aufschlitzen (mit Handschuhen), Kerne entfernen und die Schoten klein schnei-den, zusammen mit den Bohnen zur Suppe geben. Die Tomaten am Stieleinsatz einritzen und mit kochendem Wasser überbrühen. Nach 2–3 Minuten die Haut abziehen und die Tomaten vierteln.

3 Die Wurst in 1 EL Öl in einer Pfanne anbraten, in Scheiben schneiden und zusammen mit den Tomatenvierteln unter die Suppe heben. 5 Minuten bei geringer Hitze durchziehen lassen.

Porreesuppe mit Käse

600 g Porree * 1 EL Butter * 1 EL Mehl * 1,2 l Gemüsebrühe * 100 g Sahne * ½ TL Pfeffer * ½ TL gemahlener Schabzigerklee (ersatzweise Bockshornklee) *
ca. 1 TL Salz * 100 g mittelalter Gouda

Schabzigerklee – auch Brotklee – ist ein hierzulande leider noch recht unbekanntes
Gewürz, eine Gebirgspflanze, die im östlichen Mittelmeerraum und im Kaukasus
zu Hause ist. Er harmoniert besonders mit Käse und Brot.

1 Den Porree putzen und in dünne Ringe schneiden. Die Butter im Topf erhitzen, den Porree darin unter Rühren 3 Minuten anbraten. Mit Mehl bestäuben und mit der Brühe ablöschen,
10 Minuten kochen lassen.

2 Sahne, Pfeffer und Schabzigerklee unterrühren und die Suppe mit Salz abschmecken.

3 Den Gouda in kleine Würfel schneiden und in die Suppe geben. Den Topf vom Herd
nehmen und den Käse vor dem Servieren der Suppe noch 2–3 Minuten schmelzen lassen.

Variante
Wer es noch herzhafter mag, brät zusammen mit dem Porree 100 g Schinkenspeckwürfel an.

Möhren-Orangen-Suppe
mit Kokosmilch

2 mittelgroße Zwiebeln * 1 EL Rapsöl * 800g Möhren *
1 Stück Ingwer (ca. 2 cm) * Salz * 4 Orangen *
400 ml Kokosmilch * 1–2 rote Chilischoten * 1 schwache
Prise Zimt

Diese fruchtige Suppe mögen Kinder meistens auch sehr gerne. Sind sie noch
klein, sollte man Ingwer und Chili etwas zurückhaltender verwenden. Ansonsten
verfahren Sie nach Belieben.

1 Die Zwiebeln schälen und fein hacken. Das Öl in einem Topf erhitzen und die Zwiebeln
darin bei mittlerer Hitze glasig werden lassen. 1 l Wasser aufgießen und zum Kochen bringen.
Die Möhren schälen und in dünne Scheiben schneiden, den Ingwer schälen und fein würfeln,
beides in den Topf geben. 1 TL Salz hinzufügen und das Gemüse etwa 20 Minuten kochen
lassen, bis die Möhren ganz weich sind.

2 In der Zwischenzeit die Orangen auspressen. Den Saft zusammen mit der Kokosmilch
in den Topf gießen und alles sehr fein pürieren. Chili mit Handschuhen entkernen, in dünne
halbe Ringe schneiden und zur Suppe geben.

3 Die Suppe noch einmal aufkochen lassen und dann weitere 3 Minuten ohne Hitze durchziehen lassen. Mit Zimt und nach Belieben noch etwas Salz abschmecken.

Tipp
Verwenden Sie auf jeden Fall frisch gepressten Orangensaft, bei diesem Gericht macht es
einen deutlichen Unterschied!

Fischsuppe
mit Fenchel

2 Gemüsezwiebeln (ca. 800 g) * 600 g Gemüsefenchel *
3 EL Olivenöl * 300 ml trockener Weißwein * Salz *
1–2 rote Chilischoten nach Belieben * ½ TL Anis *
400 g weißes Fischfilet aus MSC-zertifizierter Fischerei,
z.B. Seelachs * 3 Knoblauchzehen * abgeriebene Schale
von einer ¼ Bio-Zitrone

Gemüsefenchel wird in der italienischen Küche sehr häufig verwendet und hat auch
hierzulande viele Freunde gefunden. Der aromatisch-süßliche Geschmack ergänzt
sich sehr gut mit Anis und wird von einer scharfen Komponente wie Chili noch etwas
gehoben.

1 Die Zwiebeln schälen, den Fenchel putzen und beides in mundgerechte Stücke schneiden. Das Olivenöl auf mittlerer Temperatur erhitzen und die Zwiebeln darin unter Rühren
goldgelb werden lassen. Den Fenchel dazugeben, mit dem Wein und 1 l Wasser ablöschen,
1 TL Salz einrühren. 15 Minuten bei geschlossenem Deckel auf kleiner Flamme kochen.

2 Die Chilischoten mit Handschuhen entkernen, in feine Ringe schneiden und zusammen
mit dem Anis unter die Suppe rühren. Den Fisch waschen, trocken tupfen und in Würfel
schneiden. Den Knoblauch schälen und fein schneiden. Fischwürfel, Knoblauch und Zitronen-
abrieb zur Suppe geben. 5 Minuten auf kleiner Flamme ziehen lassen, bei Bedarf noch mal
mit Salz abschmecken.

Tipp
Zum Fenchel passen auch Cherrytomaten gut, sie können zeitgleich mit dem Chili in die
Suppe gegeben werden.

Rote Zwiebelsuppe
mit Cherrytomaten und Hackbällchen

300 g rote Zwiebeln   *   1 Chilischote   *   2 EL Olivenöl   *
1 l Rinderbrühe   *   einige Zweige Thymian   *   400 g mageres
Rinderhack   *   Salz   *   ½ TL Pfeffer   *   ½ TL Kreuzkümmel   *
400 g Cherrytomaten

Rote Zwiebeln enthalten zusätzlich zu den ohnehin gesundheitsfördernden Schwefelverbindungen noch Anthocyan, einen Farbstoff, der als gefäßstärkend und krebsvorbeugend gilt. Zwiebelfreunde können also so richtig was für ihre Gesundheit tun.

1   Die Zwiebeln schälen und in Ringe schneiden, den Chili von den Kernen befreien (mit
Handschuhen) und fein hacken. Das Olivenöl in einem Topf erwärmen und beides darin
anbraten, die Zwiebeln sollen dabei leicht bräunen. Mit der Rinderbrühe ablöschen und den
Thymian dazugeben.

2   Das Hack mit 1 TL Salz und den Gewürzen verkneten und zu walnussgroßen Bällchen
formen. In der leise kochenden Brühe 5 Minuten durchgaren.

3   Die Cherrytomaten waschen und mit einer Nadel einstechen. Die Hitze zurücknehmen
und die Cherrytomaten zur Suppe geben, 2–3 Minuten simmern lassen. Die Suppe mit Salz
und Pfeffer nach Belieben abschmecken.

Tipp
Schmeckt am besten mit frisch geröstetem Weißbrot, auf das Sie gerne auch ein wenig
Knoblauch streichen dürfen.

WINTERSUPPEN

wohltuende Wärme!

Wintersuppen – wohltuend wärmend

Wenn es draußen kalt und ungemütlich ist, sehnen wir uns nach deftiger, wärmender Kost. Im Winter dürfen die Suppen gerne ein bisschen dicker sein als in der restlichen Jahreszeit und auch eine kräftige Einlage aus Fleisch oder Wurst ist willkommen. In der vegetarischen Küche sind nun Hülsenfrüchte ein angesagter Bestandteil, denn sie sättigen gut und sorgen mit hochwertigen pflanzlichen Eiweißen für Kraft und Energie.

Für den Winter vorsorgen im Spätfrühjahr

Weißkohl ist nicht gleich Weißkohl und Möhre nicht gleich Möhre. In jahrhundertelanger Auslese haben unsere Vorfahren Gemüsesorten gezüchtet, die besonders schnellwüchsig sind – ideal für die Ernte schon im Frühsommer – oder aber langsam und stetig wachsen und sich auf dem Lager viel besser halten als ihre eiligen Kollegen. Beim Kauf von Saatgut ist es deshalb wichtig, darauf zu achten, ob es sich um eine Frühsorte oder eine Lagersorte für die Herbsternte handelt. Letztere werden in der Regel auch etwas später im Jahr ausgesät, eine gute Zeit ist der April, für manche Kulturen reicht auch noch der Mai. Dann haben die Pflanzen genügend Zeit, sich zu entwickeln.

Es ist wenig los im Küchengarten

Nur wenige Gemüsearten können den Winter über frisch vom Beet geholt werden – und das geht auch nur, wenn der Boden offen ist. Sie sind ein besonderer Schatz und ergänzen das Lagergemüse, das bereits im Herbst eingebracht worden ist. Zu ihnen gehören neben der würzigen Barbarakresse vor allem Rosenkohl und Grünkohl, Pastinaken, Schwarz- und Haferwurzel, Knollenziest, Topinambur und Porree.

Wer allerdings Wühlmäuse im Garten hat, tut gut daran, die Wurzel- und Knollengemüse vor dem Winter zu ernten und im Keller oder in der Garage in feuchtem Sand einzuschlagen. Als sehr geeignet fürs Einlagern von Wintergemüse hat sich auch eine Waschmaschinentrommel vom Toplader erwiesen, die absolut mäusesicher im Garten vergraben werden kann.

>»Mit heimischem Wintergemüse tut man sich selbst und der Umwelt etwas Gutes. Und es schmeckt auch besser als weit gereistes Treibhausgemüse.«

Regelmäßig kontrollieren!

Wer Gemüse eingelagert hat, kommt um eine eher langweilige Tätigkeit nicht herum: Regelmäßig muss auf Faulstellen und Krankheitsbefall hin kontrolliert werden, sonst können binnen kurzer Zeit große Bestände verderben. Oberflächlich befallene Stellen können grob ausgeschnitten werden, dann lässt sich das restliche Gemüse noch verwenden – zum Beispiel für eine kunterbunte Restesuppe.

Heimisches Gemüse tut wohl

Was für den Herbst gilt, gilt auch im Winter. Unser heimisches Gemüse enthält genau die Inhaltsstoffe, die uns jetzt gut tun. In der ayurvedischen ebenso wie in der traditionell chinesischen Medizin- und Ernährungslehre ist man schon lange dieser Ansicht. Dort geht man davon aus, dass es kühlende und wärmende Nahrungsmittel gibt und diese entsprechend nach Jahreszeit und persönlicher Konstitution genossen werden sollten. Tomaten und Gurken zum Beispiel gelten als erfrischend – weshalb viele Menschen sie im Sommer viel lieber essen als in der kalten Jahreszeit. Möhren, Kürbis, Steckrüben und Co. sollen hingegen wärmend wirken, das gilt auch für lang gekochte Suppen. Demnach ist eine kräftige Suppe aus saisonalen Zutaten genau das, was uns in der grauen, dunklen Zeit guttut.

Kartoffeln

Zugegeben, Kartoffeln kann man das ganze Jahr über essen. Dennoch geben sie ein wunderbares Wintergemüse ab, denn sie lassen sich gut lagern und versorgen uns mit Vitamin C und hochwertigem Kalium. Die Kultur ist einfach: Im April werden die Knollen gelegt. Frühsorten können ab Juli, Spätsorten bis in den Herbst hinein geerntet werden. Kartoffeln anzubauen ist vor allem für Kinder ein tolles Erlebnis, die bei der Ernte mit einer ähnlichen Begeisterung nach den Knollen suchen wie nach Ostereiern. Grundsätzlich ist eine Kultur in größeren Kübeln – ab 20 Liter – möglich. Anstatt anzuhäufeln, füllt man immer wieder etwas Erde nach. Der Ertrag von Kübelkartoffeln ist meist verhältnismäßig hoch.

Gelagert werden Kartoffeln in einem kühlen, feuchten Raum, ideal sind Temperaturen von 4–8 °C. Wird es kälter, verderben sie. Ab und zu schütteln verlängert die Keimruhe.

Kartoffelernte im Herbst

In der Küche ist die Kartoffel ein Tausendsassa – es gibt unendlich viele Zubereitungsweisen. Leider werden im Handel heute fast nur noch »überwiegend festkochende« Sorten verkauft, die für jeden Zweck so einigermaßen taugen. Der Kartoffelgenuss nimmt aber erheblich zu, wenn für Salate oder zum Braten festkochende Sorten verwendet werden, für Püree aber mehligkochende. Bei Suppen kommt es darauf an, ob die Kartoffel die Suppe sämig machen oder aber als feste Stücke erhalten bleiben soll. Bei Pell- und Backkartoffeln ist es schlichtweg Geschmackssache, ob festkochende Sorten mit Biss oder aber die fluffig zerfallenden Mehligkochenden gewählt werden.

Steckrüben

Die Steckrübe ist ein außerordentlich unkompliziertes und ertragreiches Gemüse. Deshalb eignete sie sich in Notzeiten bestens zur Sättigung der hungernden Bevölkerung. Entsprechend hat sie im letzten Jahrhundert das Image »Arme-Leute-Gemüse« erhalten. Mittlerweile aber sind sogar Sterneköche auf ihr apartes, bitter-süßes Aroma aufmerksam geworden. Der Anbau ist simpel: Ausgesät wird im Mai entweder in

ein Anzuchtbeet oder direkt an Ort und Stelle. Jungpflanzen können gut die Nachfolge von Frühkartoffeln oder Dicken Bohnen antreten. Geerntet wird ab September, die Wurzeln wachsen an warmen Herbsttagen noch weiter und können auch leichten Frost vertragen. Vor dem richtigen Wintereinbruch sollten sie ausgezogen und im kühlen Keller in Sand eingeschlagen werden – das Blattwerk vorher abdrehen –, so halten sie bis zum Frühjahr.

In der Küche harmoniert die Steckrübe sehr gut mit geräucherten Würsten. Deftige Eintöpfe mit Steckrüben, Möhren, Kartoffeln und Fleisch wärmen an kalten Wintertagen so richtig von innen durch. Aber auch einfach nur in Salzwasser gekocht und mit Butter und Salz püriert, zeigt die Steckrübe, welch erdig-kräftiges Aroma in ihr steckt.

Pastinaken

Bis zur Einführung der Kartoffeln in Mitteleuropa gehörte die Pastinake zu den Grundnahrungsmitteln. Für unsere Vorfahren war ihre absolute Frosthärte ein wichtiges Argument, die süß-aromatischen Wurzeln anzubauen. Sie benötigen tiefgründigen, möglichst doppelt spatentief umgegrabenen

Rote Kartoffeln

Steckrüben

Boden, in dem sie bis zu 40 cm lang werden können. Gesät wird im April, es dauert lange, bis die Pflänzchen gekeimt sind. Währenddessen muss das Beet von konkurrierenden Unkräutern freigehalten werden. Später wachsen Pastinaken ohne viel Zutun.

Geerntet wird ab Oktober. Wo keine Wühlmäuse ihr Unwesen treiben, können die Wurzeln den ganzen Winter über im Boden bleiben und nach Bedarf aus dem Garten geholt werden. Wer mit wochenlangem Dauerfrost rechnet, sollte allerdings dafür sorgen, dass er überhaupt an die Pastinaken rankommt – zum Beispiel, indem er das Beet mit einer dicken Lage Stroh abdeckt und das Durchfrieren damit verhindert. Pastinaken sind sehr bekömmlich, das in ihnen enthaltende Inulin sorgt für eine gesunde Darmflora. Sie geben einem Mischgemüse oder einer bunten Gemüsesuppe kräftiges Aroma, schmecken aber auch für sich allein als Cremesuppe oder Püree.

Weißkohl

Wie schon die Steckrübe hat auch der Weißkohl das Image eines billigen Lebensmittels. Deshalb muss er aber nicht schlecht schmecken, im Gegenteil! Weißkohl ist in der Küche sehr vielseitig.

Der Anbau von Kopfkohl braucht etwas Geduld, da die Köpfe eine lange Entwicklungszeit haben. Bei Aussaat im April kann mit der Ernte eines festen, lagerfähigen Kopfes im Oktober gerechnet werden. Leichten Frost verträgt der Weißkohl, aber spätestens im November sollte er ins Winterlager wandern. Dazu wird er mitsamt Wurzel aus dem Beet genommen, anhaftende Erde wird abgeschüttelt. Man entfernt dazu alle krank wirkenden Blätter, gesunde lockere Blätter lässt man stehen. Dann wird der Kohlkopf mit der Wurzel nach oben in einem kühlen, dunklen Raum aufgehängt. Alternativ kann man auch die Wurzeln in feuchtem Sand einschlagen. Vor dem Verbrauch werden alle bis dahin welk gewordenen Blätter entfernt.

Weißkohl kann roh verzehrt werden, z. B. als Krautsalat. Man kann ihn auch braten, er neigt aber dazu, sehr schnell anzubrennen, löschen Sie deshalb rechtzeitig mit Wasser oder Brühe ab. In Suppen und Mischgemüse sorgt er für eine deftige Note. Die im Kohl enthaltenen Senföle wirken stimulierend aufs Immunsystem, reichlich vorhandene Ballaststoffe sorgen für eine gute Darmtätigkeit.

Pastinaken

Weißkohl

Rosenkohl

Beim Rosenkohl handelt es sich um eine recht neue Züchtung, die um 1800 in der Gegend von Brüssel erstmals kultiviert wurde – daher auch die Bezeichnung »Brüsseler Kohl«. Er benötigt ebenso wie der Weißkohl eine sehr lange Kulturzeit. Entweder man beginnt bereits im März mit dem Vorziehen oder setzt im Mai gekaufte Jungpflanzen. Anfangs ist regelmäßiges Hacken und Gießen wichtig für den Erfolg. Rosenkohl benötigt wie alle Kohlsorten auch kräftige Düngung.

Im September sollten die Pflanzen deutlich sichtbare kleine Röschen angesetzt haben, die bis zur Ernte im Spätherbst und Winter noch kräftig wachsen – vor allem dann, wenn man die Spitze der Pflanzen im September kappt. Die Blätter kann man übrigens essen, sie machen sich gut in einem Mischgemüse.

Pflücken Sie immer die jeweils größten Röschen, die anderen wachsen noch weiter. Im Kühlschrank halten sich die Röschen einige Tage, aber frisch sind sie am besten. Da sie leichte bis mittlere Fröste aushalten, lässt man sie am besten an der Pflanze und erntet nach Bedarf. Die beste Zeit ist November und Dezember. Längere Kahlfröste oder ein häufiger Wechsel der Temperaturen mindert die Qualität der Röschen. In Gegenden wie an der Nordseeküste, wo es meist nicht so kalt wird, kann der Rosenkohl weitaus länger geerntet werden.

Der leicht bittere Rosenkohl harmoniert in der Küche gut mit solchen Gemüsearten, die ein bisschen Süße mitbringen, wie z. B. Möhren, oder auch mit gedünstetem Apfel.

Rote Bete

Junge Rote Beten können bereits im Sommer geerntet werden, aber eigentlich ist die Bete ein klassisches Lagergemüse. Wenn Sie im Mai aussäen, können Sie ab Spätsommer nach Bedarf ernten – ziehen Sie dabei zunächst jede zweite Pflanze, dann erhalten die übrigen mehr Platz, sich weiter zu entwickeln.

Beten vertragen leichte Fröste, sollten aber von November bis Anfang Dezember fürs Winterlager geerntet werden. Am besten halten sie frisch, wenn sie in feuchtem Sand eingeschlagen in einem kühlen Raum aufbewahrt werden. Es gibt sie übrigens nicht nur in dem stark färbenden Rot, sondern

Rosenkohl

Rote Beten

auch in Weiß und Gelb – diese Sorten schmecken noch etwas süßlicher und weniger erdig.

In der Küche ist die Bete vielfältig verwendbar, sie macht sich gut in einem Rohkostsalat, eignet sich aber auch bestens für Suppen. In feine Streifen geschnitten und mit Apfel, Nelke und Zimt gedünstet, schmeckt sie ähnlich wie Rotkohl und passt gut zu Wild und Gans. Das für die intensive Rotfärbung verantwortliche Anthocyan gilt als schützend für die Blutgefäße und als krebsvorbeugend.

Grünkohl

Grünkohl ist vor allem im Norden und Westen Deutschlands als Wintergemüse beliebt. Die italienische Variante ist der Palmkohl, der seit einigen Jahren auch hierzulande viele Anhänger findet. Beide werden im Mai vorgezogen und können ab Anfang Juli als zweite Kultur, z. B. nach Kartoffeln oder Dicken Bohnen, aufs Beet. Der Grünkohl braucht in seiner Jugend gute Bodenfeuchte und wird einmal nach der Pflanzung und noch mal im September gedüngt.

Geerntet wird bedarfsweise, nach dem ersten Frost schmeckt der Kohl ein wenig süßlicher. Lassen Sie innere Blätter stehen, diese wachsen an warmen Tagen weiter. Im Frühjahr sprießen noch einmal junge Triebe aus den Stängeln – ein besonders zartes, frisches Gemüse.

Beachten Sie bei der Ernte, dass aus einer großen Tüte frisch gepflückter Grünkohlblätter am Ende gerade genug für vier Personen übrig bleibt – so sehr fällt der Kohl zusammen. Sie gehen sicher, wenn Sie den geernteten Kohl wiegen – für vier Personen müssen Sie etwa 1 kg als Beilage rechnen. Früher hat man Grünkohl stundenlang gekocht, bis er breiig weich war. Für die Vitamine und auch für den Geschmack ist es besser, es bei 30–40 Minuten Kochzeit zu belassen.

Grünkohl harmoniert übrigens nicht nur mit fettem Fleisch und Wurst, sondern macht sich auch gut in vegetarischen Gerichten, z. B. mit gerösteten Nüssen oder Samen bestreut. Von allen Kohlsorten gilt er als am gesündesten, er enthält viel Vitamin C und Kalzium sowie die als krebsvorbeugend geltenden Flavonoide und Carotine. Eine Besonderheit, die immer mehr Freunde findet, ist der aus Italien stammende Palmkohl. Er ist nicht ganz so frosthart wie der heimische Grünkohl, schmeckt aber gerade als Suppeneinlage oder als Zutat in Mischgemüse ausgesprochen aromatisch.

Grünkohl

»Eine heiße kräftige Wintersuppe wärmt richtig gut durch!«

Rote-Bete-Suppe *mit Hackbällchen*

2 mittelgroße Zwiebeln * 2 EL Rapsöl * 1 l Rinderbrühe *
600 g Rote Bete * 600 g festkochende Kartoffeln *
¼ TL Anissamen * ein paar Dillsamen * 1 TL Salz *
¼ TL Kreuzkümmel * 1 Prise Zimt * ½ TL weißer Pfeffer *
400 g mageres Rinderhack oder Tartar * 1 getrocknete
Chilischote (nach Belieben)

Bis vor wenigen Jahren war Rote Bete hierzulande vor allem als gekochte Salat-
beilage aus dem Glas bekannt. In Osteuropa hingegen wird schon seit Jahrhunder-
ten die Rote-Bete-Suppe »Borschtsch« in vielfältigen Varianten gekocht.

1 Die Zwiebeln schälen und würfeln. Das Öl in einem großen Topf erhitzen und die Zwiebeln darin glasig werden lassen. Mit der Brühe ablöschen. Die Roten Beten und die Kartoffeln
schälen, in 0,5 cm dicke Scheiben schneiden und zur Suppe geben.

2 Anis- und Dillsamen mörsern, mit Salz, Kreuzkümmel, Zimt und Pfeffer zum Hack geben.
Die Masse verkneten und zu kleinen Bällchen formen. Wenn das Gemüse etwa 10 Minuten
gekocht hat, die Hackbällchen in die Suppe legen und die Suppe weitere 15 Minuten bei
kleiner Flamme simmern lassen. Gegebenenfalls entstehenden Schaum abschöpfen.

3 Wer es scharf mag, lässt außerdem eine zermörserte getrocknete Chilischote in der
Brühe ziehen.

Tipp
Servieren Sie die Suppe mit einem Klecks saurer Sahne – das sieht gut aus und schmeckt vor
allen Dingen lecker!

Steckrübencremesuppe
mit schwarzer Olive

4 mittelgroße Zwiebeln * 50 g Butter * 1 Steckrübe
(ca. 1 kg) * 100 g Sahne * 1 Prise Muskat * 1 TL Salz *
schwarze Olivenpaste aus der Tube * Schnittlauch
nach Belieben

Traditionell werden Steckrüben gerne mit Fleisch und Wurst verzehrt. In der vegetarischen Küche entfaltet das süß-herbe Gemüse seinen Charme, wenn es denn – anders als in Notzeiten – mit Butter zubereitet wird.

1 Die Zwiebeln schälen und hacken. Die Butter in einem Topf schmelzen und die Zwiebeln darin bei mittlerer Hitze goldgelb dünsten. Die Steckrübe putzen und würfeln, zu den Zwiebeln geben und mit 1,2 l Wasser auffüllen. Das Gemüse zum Kochen bringen und etwa 20 Minuten bei geringer Hitze garen lassen, bis die Steckrübenstücke weich sind.

2 Die Sahne unterrühren, Muskat und Salz dazugeben und die Suppe mit dem Stabmixer fein pürieren.

3 Die Suppe in Teller schöpfen und mit der Olivenpaste jeweils einen Kringel in die Mitte der Suppe malen, diesen mit einer Gabel etwas verziehen. Den Schnittlauch fein schneiden und nach Belieben darüberstreuen.

Tipp
Wem der Geschmack der Steckrübe zu herb ist, kann die Hälfte der Menge durch Möhren ersetzen.

Kohlsuppe *mit Makrele*

20 g getrocknete Steinpilze * 2 mittelgroße Zwiebeln * 3 EL Rapsöl * 500 g Weißkohl * 600 g festkochende Kartoffeln * 1½ TL Salz * 1 Prise Muskat * 1 große oder 2 kleine geräucherte Makrelen aus MSC-zertifizierter Fischerei (ca. 500 g)

Der kräftig-herzhafte Geschmack von Räucherfisch ergänzt sich hervorragend mit deftigem Kohl. Makrele gehört zu den für unsere Gesundheit wertvollsten Speisefischen.

1 Die Steinpilze mit 200 ml warmem Wasser übergießen und 30 Minuten einweichen.

2 Die Zwiebeln schälen und fein würfeln. Das Rapsöl in einem Topf erhitzen und die Zwiebeln darin glasig braten. 1 l Wasser hinzufügen und zum Kochen bringen. Den Weißkohl putzen und in Streifen schneiden, die Kartoffeln schälen und würfeln und beides in den Topf geben. Salz zufügen und eine Prise Muskat hineinreiben. Das Gemüse ca. 20 Minuten leise kochen lassen.

3 Makrele häuten, das Fleisch auslösen, in kleine Stücke zerpflücken, dabei sorgfältig Gräten entfernen.

4 Die Steinpilze aus dem Wasser nehmen, noch anhaftende Schmutzpartikel abspülen und zur Suppe geben. Das Einweichwasser durch einen Kaffee- oder Teefilter in den Topf gießen. Den Herd ausschalten, wenn das Gemüse ausreichend gegart ist, und die Makrelenstücke vorsichtig untermengen. Sofort servieren.

Topinambur-Rahmsuppe *mit Pilzen*

40 g getrocknete Steinpilze * 400 g Topinambur *
1 Stich Butter * 800 g mehligkochende Kartoffeln *
400 g braune Champignons * 200 g Sahne * 1 Prise
Muskat * 1 gestr. TL Salz * ein paar Zweige frischer
Rosmarin und Thymian * Pfeffer

Topinambur ist vollkommen winterhart und kann jederzeit direkt aus dem Beet
geholt werden, sofern der Boden offen ist. Der Genuss dieser süßlich schmecken-
den Knolle findet immer weitere Verbreitung – probieren Sie sie aus.

1 Die Steinpilze in 500 ml handwarmem Wasser für etwa 30 Minuten einweichen. Den
Topinambur schälen und in feine Scheiben schneiden. Die Butter in einem Topf schmelzen
und den Topinambur darin bei mittlerer Hitze 5 Minuten unter gelegentlichem Umrühren
dünsten.

2 Währenddessen die Kartoffeln schälen und würfeln, zum Topinambur geben und mit
750 ml Wasser aufgießen. Das Wasser zum Kochen bringen und das Gemüse auf kleiner
Flamme ca. 15 Minuten garen.

3 Inzwischen die Champignons putzen und in feine Scheiben schneiden. Die Steinpilze
abgießen, dabei das Einweichwasser durch einen Kaffee- oder Teefilter laufen lassen und
auffangen. Die Steinpilze sehr klein schneiden.

4 Wenn das Gemüse gegart ist, Einweichwasser, Sahne, Muskat sowie Salz dazugeben,
und alles sehr fein pürieren. Die Champignons und die Steinpilze hinzufügen und die Suppe
auf leiser Flamme 3–4 Minuten köcheln, dabei ab und an umrühren.

5 In der Zwischenzeit die Kräuter waschen, trocken schütteln und fein hacken. Die Suppe
mit Pfeffer und bei Bedarf nochmals mit etwas Salz abschmecken. Die heiße Suppe verteilen
und vor dem Servieren mit den gehackten Kräutern bestreuen.

Rosenkohl-Kartoffel-Eintopf
mit Wurst

1 große Zwiebel * 3 EL Rapsöl * 1,2 l Gemüsebrühe *
1 kg mehligkochende Kartoffeln * 1 kg Rosenkohl *
4 Krakauer Würste * Muskat * Salz * Pfeffer

Krakauer – benannt nach der polnischen Stadt – ist eine deftig-aromatische polnische Brühwurst mit geräucherten, groben Rind- und Schweinefleischanteilen. Ersatzweise können Sie eine Kohlwurst verwenden.

1 Die Zwiebel schälen und in mittelgroße Würfel schneiden. Das Rapsöl in einem großen Topf erhitzen und die Zwiebel darin unter Rühren anbraten, bis sie leicht bräunt. Mit der Gemüsebrühe ablöschen.

2 Die Kartoffeln schälen und würfeln. Den Rosenkohl putzen und die Röschen zusammen mit den Kartoffelwürfeln in die Brühe geben. 15 Minuten garen, dann die Wurst mit dazugeben.

3 Wenn die Kartoffelstücke und der Kohl nach einigen weiteren Minuten gar sind, etwa zwei Drittel des Gemüses und die Wurst herausnehmen. Das im Topf verbleibende Gemüse mit der Flüssigkeit fein pürieren.

4 Die Wurst in Scheiben schneiden und zusammen mit dem vorhin entnommenen Gemüse zurück in den Topf geben. Den Eintopf mit etwas Muskat sowie Salz und Pfeffer abschmecken. Den Eintopf heiß servieren.

Linsen-Grünkohl-Suppe
mit Polentabällchen

600 g rote Zwiebeln * 4 EL Rapsöl * 1,5 l Gemüsebrühe *
150 g Berglinsen * 2–3 Handvoll junge Grünkohlblätter *
1 Handvoll gehackter Schnittsellerie * ½ TL Salz * 1 Stich
Butter * 150 g Blitzpolenta * 1 ausgepresste Knoblauchzehe *
1 TL Madras-Curry * 1 TL Zucker * 1 EL Weinessig

Linsen und Mais enthalten hochwertiges pflanzliches Eiweiß, das gerade in dieser Kombination vom Körper sehr gut erschlossen werden kann. Eine ideale Wintersuppe für Vegetarier also.

1 Die Zwiebeln schälen und in halbe Ringe schneiden. Das Rapsöl erhitzen und die Zwiebeln darin anbräunen. Mit der Gemüsebrühe ablöschen. Die Linsen waschen, dazugeben und in der Brühe aufkochen. Den Grünkohl putzen, in Streifen schneiden und zusammen mit dem gehackten Schnittsellerie in den Topf geben.

2 Während die Suppe etwa 20 Minuten köchelt, die Polenta für die Polentabällchen kochen: Dazu einen Salz und Butter in 300 ml kochendes Wasser geben, die Blitzpolenta unter Rühren hineinstreuen. 2–3 Minuten auf kleiner Flamme weiterrühren, die Polenta wird dabei schon recht fest. Den Topf vom Herd nehmen und die Masse ausquellen lassen.

3 Knoblauch zur Suppe geben. Die Suppe mit Curry, Zucker und Weinessig abschmecken. Wenn die Linsen ausreichend weich, aber noch bissfest sind, ist die Suppe fertig.

4 Aus der Polenta mit nassen Händen etwa 12 walnussgroße Bällchen formen, auf Suppenteller verteilen und in der Suppe servieren.

Pastinaken-Eintopf
mit Lamm

600 g Lammgulasch * 2 EL Rapsöl * 2–3 Zwiebeln * 0,33 l helles,
mildes Bier (z. B. Export) * 1 TL Salz * 2 TL getrockneter Majoran *
600 g Pastinaken * 600 g mehligkochende Kartoffeln * 1 Glas Kapern
(ca. 60 g Abtropfgewicht) * Pfeffer * Salz

Pastinaken sind eng verwandt mit unseren Speisemöhren. Sie schmecken noch
würzig-aromatischer und sind recht süß. Die salzig-sauren Kapern bilden dazu
einen aparten Kontrast.

1 Das Lammgulasch sollte keine allzu großen Stücke aufweisen – schneiden Sie es gegebenenfalls noch kleiner. Das Fleisch in zwei bis drei Portionen aufteilen. Das Öl in einem großen
Topf erhitzen und die Fleischportionen darin nacheinander von allen Seiten anbraten, herausnehmen und warm stellen.

2 Die Zwiebeln schälen, grob würfeln und ebenfalls anbraten. Mit dem Bier ablöschen und
aufkochen lassen. Das Fleisch dazugeben, mit Salz und Majoran würzen und mit geschlossenem Deckel auf kleiner Flamme 45 Minuten köcheln lassen.

3 Die Pastinaken und die Kartoffeln schälen und in Würfel schneiden. Zusammen mit
500 ml Wasser in den Topf geben und alles aufkochen lassen. Die Hitze danach zurücknehmen und den Eintopf 20–30 Minuten leise kochen lassen, bis das Gemüse gar ist.

4 Die abgetropften Kapern untermengen und den Eintopf mit Pfeffer und eventuell noch
ein wenig Salz abschmecken.

Tipp
Wenn Sie den markanten Geschmack von Lammfleisch nicht mögen, können Sie das Gericht
genauso gut auch mit Rindfleisch zubereiten.

Steckrübeneintopf *mit Sucuk*

2–3 Zwiebeln * 2 EL Pflanzenöl * ½ TL Kreuzkümmel *
1 Steckrübe (800–1000 g) * 500 g Kartoffeln *
1 TL Salz * 1 TL Kurkuma * 500 g Parmak-Sucuk *
2 Kardamomkapseln * Salz

Sucuk ist eine kräftig orientalisch gewürzte Knoblauchwurst aus Rindfleisch, manchmal auch mit einem Lamm-Anteil, die man in fast jedem türkischen Gemüseladen in der Kühltheke findet.

1 Die Zwiebeln schälen und grob würfeln. Das Öl in einem Topf erhitzen und den Kreuzkümmel darin eine halbe Minute anrösten, dann die Zwiebeln dazugeben und unter Rühren goldgelb werden lassen. Mit 750 ml Wasser auffüllen.

2 Die Steckrübe und die Kartoffeln schälen und in Würfel schneiden, in den Topf geben und das Ganze aufkochen lassen. Mit Salz und Kurkuma würzen und 20 Minuten leise kochen lassen.

3 In der Zwischenzeit die Sucuk in dünne Scheiben schneiden und in einer beschichteten Pfanne im eigenen Fett anbraten. Die Kardamomkapseln mörsern und in die Suppe geben. Die Suppe auf Suppenteller verteilen und jeweils nach Belieben die gebratenen Sucukscheiben hineingeben.

Tipp

Wunderbar passt türkisches Fladenbrot zum Eintopf. Backen Sie es kurz im Ofen auf, sodass es richtig schön knusprig ist.

Rote-Bete-Suppe mit Kokosmilch

2 EL Erdnussöl (ersatzweise Rapsöl) * 1 TL Kreuzkümmel *
1 Zwiebel * 5 Knoblauchzehen * 800 g Rote Bete *
200 g Knollensellerie * 1 Stück Ingwer (ca. 3–4 cm) *
1–2 Chilischoten * Salz * 1 Dose Kokosmilch (ca. 400 ml) *
2 EL Zitronensaft

Gerichte mit Kokosmilch bekommen durch die Milch einen angenehm sämigen
Charakter. Da die Suppe komplett auf tierische Zutaten verzichtet, eignet sie sich
ausgezeichnet auch für Veganer.

1 Das Erdnussöl in einem Topf erhitzen und den Kreuzkümmel darin kurz anrösten.
Die Zwiebel und den Knoblauch schälen und würfeln, dazugeben und kurz mitanbraten.
Mit 1 l Wasser ablöschen.

2 Die Roten Beten schälen, den Sellerie putzen und das Gemüse klein schneiden. Ingwer
schälen und in feine Scheibchen schneiden. Chili mit Handschuhen der Länge nach halbieren,
Kerne entfernen und Chili in Stücke schneiden. Das Gemüse mit 1 TL Salz in den Topf geben
und kochen lassen, bis die Roten Beten weich ist – das dauert etwa 20–30 Minuten.

3 Die Kokosmilch unterrühren und die Suppe sehr fein pürieren. Mit Zitronensaft abschmecken, gegebenenfalls noch mal mit Salz abschmecken.

Tipp
Achten Sie beim Kauf der Kokosmilch auf den Fettanteil – je höher, desto besser ist die
Qualität – und verwenden Sie Produkte möglichst ohne Zusatz von Verdickungsmitteln.

Pastinakencremesuppe
mit Gorgonzola-Baguette

2 mittelgroße Zwiebeln * Butter * 600 g Pastinaken *
200 g Knollensellerie * 1 gestr. TL Salz * 1 TL Pfeffer *
1 kleines Baguettebrot * 150 g Gorgonzola * 200 g Sahne

Gorgonzola ist ein italienischer Edelschimmelkäse, dessen Aroma sich perfekt mit
der Süße der Pastinaken ergänzt. Natürlich können Sie ebenso auch anderen mild
gereiften Blauschimmelkäse verwenden.

1 Die Zwiebeln schälen und in mittelgroße Würfel schneiden. 2 EL Butter in einem Topf erhitzen und die Zwiebelwürfel darin glasig werden lassen. Pastinaken und Sellerie putzen und in
kleine Stücke schneiden, zu den Zwiebeln in den Topf geben und mit 1 l Wasser zum Kochen
bringen. Mit Salz und Pfeffer würzen. Das Gemüse auf kleiner Flamme 20 Minuten weiterkochen lassen, bis es gar ist.

2 In der Zwischenzeit vom Baguettebrot zwölf daumendicke Scheiben schneiden, von beiden Seiten toasten und abkühlen lassen. Dünn buttern und den Gorgonzola auf die Scheiben
streichen.

3 Die Sahne in die Suppe rühren und pürieren.

4 Den Backofengrill einschalten. Die Suppe auf vier Teller verteilen und jeweils drei
Scheiben Gorgonzola-Baguette darauflegen. Die Teller unter den Grill schieben und kurz
überbacken, bis der Käse schmilzt. Sofort servieren.

Krauteintopf *nach Bigos-Art*

(Für 6–8 Personen)   1 kg Weißkohl ∗ 3 kleine Zwiebeln ∗ 3 EL Margarine ∗
500 g Rindergulasch ∗ 1 TL Kümmel oder Kreuzkümmel ∗ 10 Wacholderbeeren ∗
20 g getrocknete Steinpilze ∗ 100 g Backpflaumen ∗ 1 Dose Sauerkraut
(ca. 700 g Abtropfgewicht) ∗ 100 g Tomatenmark ∗ 150 ml trockener Rotwein ∗
500 g Kasseler ∗ 4 Bockwürste oder Cabanossi ∗ 5 Knoblauchzehen ∗ Salz ∗
Pfeffer ∗ Zucker ∗ saure Sahne

Der Eintopf schmeckt am besten, wenn er bereits am Vortag zubereitet wird und
durchziehen kann. Das ist ideal, wenn Sie Besuch erwarten und schon etwas vor-
bereiten möchten. Auch zum Einfrieren ist er sehr gut geeignet.

1 Den Weißkohl von unansehnlichen Blättern befreien und in sehr feine Streifen schneiden.
Die Zwiebeln schälen und grob würfeln. Die Margarine in einem großen Topf erhitzen, das
Gulasch und die Zwiebeln darin anbraten. Den Weißkohl darüberlegen, mit dem Kümmel oder
Kreuzkümmel und dem Wacholder würzen und bei geschlossenem Deckel und geringer Hitze
60 Minuten garen lassen. Ab und an kontrollieren, ob noch Flüssigkeit am Topfboden ist, und
bei Bedarf etwas Wasser dazugießen.

2 Die Steinpilze in 500 ml warmem Wasser einweichen. Nach 30 Minuten die Pilze aus
dem Wasser nehmen und klein schneiden. Das Einweichwasser durch einen Kaffee- oder
Teefilter gießen und auffangen.

3 Die Backpflaumen vierteln und zusammen mit Pilzen, Sauerkraut, Tomatenmark, Pilz-
wasser und Rotwein in den Topf geben, alles gut vermischen. Das Kasseler obendrauf legen
und den Eintopf bei geringer Hitze weiterkochen. Ab und an umrühren, damit nichts ansetzt.

4 Nach 1 Stunde das Kasseler herausnehmen, den Knochen entfernen und das Fleisch in
mundgerechte Würfel schneiden. Die Wurst in Scheiben schneiden und zusammen mit dem
Kasseler zum Eintopf geben. Den Knoblauch pressen, unterrühren und 5 Minuten ziehen
lassen. Mit Salz, Pfeffer und ein wenig Zucker abschmecken. Den Eintopf mit einem Löffel
saure Sahne servieren.

Grünkohl-Eintopf
mit Gerstengraupen

2 Zwiebeln * 1 Knoblauchzehe * 2 EL Rapsöl * 1,2 l Fleischbrühe * 500 g Möhren * 2 Handvoll junge Grünkohlblätter *
150 g Gerstengraupen * etwas Schnittsellerie * ½ TL Kümmel *
1 Prise gemahlener Koriander * 4 Kohlwürste (Mettenden)

Die Hauptzutaten sind besonders beliebt in der norddeutschen Küche. Unter Kohlwurst versteht man dort eine kräftig geräucherte Rohwurst aus Schweinefleisch, die
mit Zwiebeln, Pfeffer, Majoran, Senf, Piment und Thymian gewürzt ist. Regional
auch als Mettende bekannt.

1 Die Zwiebeln und den Knoblauch schälen und klein würfeln. Das Rapsöl in einem Topf
erhitzen und beides darin vorsichtig glasig braten. Mit der Fleischbrühe ablöschen. Die Möhren
schälen und klein schneiden, den Grünkohl klein schneiden und zusammen mit den Graupen
und etwas Schnittsellerie in die Brühe geben. Mit Kümmel und Koriander würzen und 20 Minuten leise kochen lassen.

2 Die Würste ein paar Mal mit der Gabel einstechen und in die Suppe legen, weitere
10 Minuten köcheln.

3 Probieren, ob die Graupen weich genug sind. Bei Bedarf noch etwas ziehen lassen.

Tipp
Anstelle von ganzen Graupen können auch geschrotete Graupen (Kascha-Graupen) verwendet
werden, die man in russischen und polnischen Lebensmittelläden erhält. Diese sind bereits
geschrotet, wodurch der Eintopf noch etwas sämiger wird, denn es gelangt mehr Stärke direkt
in die Kochflüssigkeit.

Saisontabelle

—— = Erntezeit beginnt/endet   —— = Haupterntezeit   —— = lagerfähig im Naturlager

ART	Januar	Februar	März	April	Mai	Juni	Juli	August	September	Oktober	November	Dezember
Auberginen								R	R	G		
Barbarakresse	G	G	R	G	G							G
Bohnen							R	R	R	G		
Brokkoli						G	R	R	R	G		
Chili/Paprika							R	R	R	R	G	
Dicke Bohnen							G					
Erbsen							G					
Fenchel									R	R	G	
Frühlingszwiebeln		G	R	R	R	R						
Grünkohl	R	R	R	G						G	R	R
Gurken							G	R	R	G		
Kartoffeln	Y	Y	Y	Y	Y	Y	G	R	R	Y	Y	Y
Kohlrabi					G	R	R	R	R	G	Y	Y
Weißkohl						G	R	R	R	R	Y	Y
Kürbis	Y	Y	Y	Y				R	R	R	Y	Y
Möhren	Y	Y	Y					R	R	R	Y	Y
Pastinaken	G/Y	G/Y	G/Y							R	R	R
Porree									R	R	R	
Rosenkohl	G	G								G	R	R
Rote Bete							G	R	R	R	G	
Sellerie	Y	Y	Y	Y				G	R	R	G	
Spargel					R	G						
Spinat	G	G	G	R	R				G	G		
Steckrüben									R	R	Y	Y
Tomaten							G	R	R			
Wildkräuter		G	R	R	R	G	G	G	G	G		
Zucchini							G	R	R	G		
Zwiebeln	Y	Y	Y	Y	Y		R	R	Y	Y	Y	Y

Die Erntezeiten variieren nach regionalen Gegebenheiten.
Bei vielen Gemüsearten bedingt der erste Bodenfrost den letzten Erntetermin.

Weiterführende Informationen und Bezugsquellen

Bezugsquellen für Saatgut

www.samenhaus.de (sehr große Auswahl verschiedener Hersteller)
Samenhaus Müller, Mörikestr. 1/3, 75210 Keltern,
Tel. +49 (0) 72 36 24 78 49-0

www.dreschflegel-shop.de (biologisches Saatgut, alte Kultursorten)
Dreschflegel Versand, In der Aue 31, 37213 Witzenhausen,
Tel. +49 (0) 55 42 50 27 44

www.bingenheimersaatgut.de (ökologisch produziertes Gemüsesaatgut für samenfeste, regional angepasste Sorten)
Bingenheimer Saatgut AG, Kronstr. 24, 61209 Echzell-Bingenheim, Tel. +49 (0) 60 35 18 99-0

www.tandmworldwide.com (große Vielfalt, bei diesem Anbieter aus Großbritannien finden Sie einiges, was Sie bei Anbietern im deutschsprachigen Raum nicht finden können)

Informative Webseiten

www.gemuese-info.de
Die Autorin dieses Buches unterhält eine Webseite, auf der etwa 50 Gemüsearten vorgestellt werden. Im dazugehörigen Blog gibt es ständig neue Informationen über Gemüse im Garten und in der Küche.

www.bio-gaertner.de
Der »Bio-Gärtner« bietet seit vielen Jahren wohl die umfangreichste deutschsprachige Seite zum ökologischen Gärtnern im Netz.

www.garten-pur.de
Im größten und informativsten deutschsprachigen Gartenforum tragen viele Gärtnerinnen und Gärtner ihre Erfahrungen zusammen, es gibt jeweils ein umfassendes Unterforum zum Gemüseanbau und zum Thema »Gartenküche«.

www.lwg.bayern.de
Vielfältige Profi-Informationen auch zum Gemüseanbau im Garten erhalten Sie auf den Seiten der Bayerischen Landesanstalt für Weinbau und Gartenbau.

Weiterführende Literatur

Meyer-Rebentisch, Karen: **Das Gemüsebuch**. Sorten, Anbau, Küchentipps. BLV, 2012. Umfangreiche Informationen rund ums Gemüse im Garten und in der Küche, darunter auch Wissenswertes über die Kulturgeschichte und den gesundheitlichen Nutzen.

Meyer-Rebentisch, Karen: **Wintergemüse**. Selbst geerntet, selbst gekocht. BLV, 2012. Alles zum Thema Gemüsegenuss im Winter: Anbau, Lagerung und Verwendung in der Küche, mit Rezepten für mehr als 30 Gemüsearten.

Heistinger, Andrea/Arche Noah: **Handbuch Bio-Gemüse**. Sortenvielfalt für den eigenen Garten. Ulmer, 2010. Im Zentrum des Buches stehen Sortenvielfalt und ökologische Anbauweise, die Beispiele beziehen sich größtenteils auf den Alpenraum.

Elisabeth Söllner: **Das Jahreszeiten-Kochbuch**. Saisonal und regional genießen. BLV, 2013. Warenkunde, Zubereitungsarten und vielfältige Rezepte rund ums Jahr.

Albi von Felten/Martin Weiss: **Blaue Schweden. Grüne Zebra. Roter Feurio**. Alte Sorten neu entdeckt. Das ProSpecieRara Kochbuch. AT Verlag, 2012. Ein zauberhaftes Buch über die Vielfalt alter Sorten mit wunderbaren Bildern und appetitanregenden Rezepten durch alle Jahreszeiten.

Rezeptverzeichnis

FRÜHLINGSSUPPEN

Echte Hühnersuppe mit jungen Erbsen 20
Suppe von grünem Spargel mit Rauke 22
Frühlingszwiebelsuppe mit Schweinefleisch 24
Spinatsuppe mit Kichererbsen 27
Frisches Grün mit Nudeltaschen 29
Kartoffelcremesuppe mit Bärlauch 31
Kohlrabisuppe mit frischen Kräutern 32
Spargel-Erbsen-Suppe mit Zitrone 34
Kressesüppchen mit Fischnockerln 37
Spinatmaultaschen in Brühe 39
Brennnesselrahmsuppe mit geröstetem Pumpernickel 40
Frühlingssuppe mit Flädle 43

SOMMERSUPPEN

Tomatensuppe frisch aus dem Garten 52
Bohnensuppe mit Salsiccia-Klößchen 54
Milde Gemüsesuppe mit Semmelknödeln 56
Kalte Gurkensuppe mit geräucherter Forelle 58
Eintopf nach Ratatouille-Art 61
Zucchinisuppe mit Brokkoli und Kasseler 63
Dicke-Bohnen-Eintopf mit Lammhackklößchen 65
Chilischarfe Fischsuppe mit Fleischtomaten 66
Schmorgurkentopf mit Dill 68
Linsensuppe mit gebratener Aubergine 71
Zweierlei Bohnensuppe mit Roter Bete 73
Klare Tomatensuppe mit Schafskäsenockerln 75

HERBSTSUPPEN

Gulaschsuppe mit frischem Chili 84
Fenchel-Bohnen-Topf mit Feta 86
Kürbissuppe mit Curry und Frischkäse 89
Fruchtigscharfe Chilisuppe mit Zwetschgen 91
Selleriecremesuppe mit Nordseekrabben 93
Schnelle, wärmende Gemüsesuppe mit Currypaste 94
Herbstsuppe mit Möhren und Pak Choi 96
Paprika-Eintopf mit Merguez 99
Porreesuppe mit Käse 101
Möhren-Orangen-Suppe mit Kokosmilch 103
Fischsuppe mit Fenchel 104
Rote Zwiebelsuppe mit Cherrytomaten und Hackbällchen 106

WINTERSUPPEN

Rote-Bete-Suppe mit Hackbällchen 116
Steckrübencremesuppe mit schwarzer Olive 118
Kohlsuppe mit Makrele 120
Topinambur-Rahmsuppe mit Pilzen 123
Rosenkohl-Kartoffel-Eintopf mit Wurst 125
Linsen-Grünkohl-Suppe mit Polentabällchen 127
Pastinaken-Eintopf mit Lamm 128
Steckrübeneintopf mit Sucuk 130
Rote-Bete-Suppe mit Kokosmilch 133
Pastinakencremesuppe mit Gorgonzola-Baguette 135
Krauteintopf nach Bigos-Art 137
Grünkohl-Eintopf mit Gerstengraupen 138

Über die Autorin / Über die Fotografen

Die Journalistin **Dr. Karen Meyer-Rebentisch** schreibt Ratgeber und Sachbücher zu Garten- und Küchenthemen sowie Regionalgeschichte. Als begeisterte Gemüsegärtnerin und Fotografin betreibt sie seit einigen Jahren eine erfolgreiche Webpage zum Thema Gemüse. So stammen auch die Gemüsefotos in diesem Buch von ihr. Weitere Informationen unter www.gemuese-info.de.

Tanja Bischof ist gelernte Köchin mit Erfahrung aus Sterne- und Gourmetküchen. Seit 1994 hat Sie sich auf Foodstyling & Foodfotografie für Kochbücher, Foodmagazine und Werbung spezialisiert.

Harry Bischof ist Foodfotograf aus Liebe zum Kochen. Neben allem Essbaren fotografiert und porträtiert er auch berühmte Köche und Genießer. Seit 1985 betreibt er sein Fotostudio L'Eveque in der Münchner Innenstadt.

Impressum

Bibliografische Information der Deutschen Nationalbibliothek

Die Deutsche Nationalbibliothek verzeichnet diese Publikation in der Deutschen Nationalbibliografie; detaillierte bibliografische Daten sind im Internet über http://dnb.d-nb.de abrufbar.

Taschenbuchausgabe des Titels »Garten-Suppen« (ISBN 978-3-8354-1157-9)

 BLV Buchverlag GmbH & Co. KG

80636 München

© 2016 BLV Buchverlag GmbH & Co. KG, München

Bildnachweis
Foodaufnahmen von Studio L'Eveque, Tanja und Harry Bischof. Alle übrigen Fotos von Karen Meyer-Rebentisch, außer: S. 17 re. Fotolia/SG-design, S. 113 re. Fotolia/Željko Radojko Grafiken: Fotolia/danangset

Umschlagkonzeption und -gestaltung: BLV-Verlag
Umschlagfotos: Studio L'Eveque, Tanja und Harry Bischof

Lektorat: Stella Rahn
Herstellung: Ruth Bost
Layoutkonzept Innenteil: griesbeckdesign, München
DTP: Satz+Layout Fruth GmbH, München

Gedruckt auf chlorfrei gebleichtem Papier

Printed in Germany
ISBN 978-3-8354-1469-3

Hinweis
Das vorliegende Buch wurde sorgfältig erarbeitet. Dennoch erfolgen alle Angaben ohne Gewähr. Weder Autorin noch Verlag können für eventuelle Nachteile oder Schäden, die aus den im Buch vorgestellten Informationen resultieren, eine Haftung übernehmen.

 www.facebook.com/blvVerlag

Sandwich-Genuss Deluxe

Annelie Wagenstaller/Julia Waldmann
Brot & Aufstrich
Von deftigen Happen bis süße Schnittchen: 40 Brot- und Aufstrich-Rezepte – auch glutenfrei. Kombiniert zu alltagstauglichen, einfachen und schnellen Sandwiches für jede Gelegenheit. Bewusst genießen: viele vegetarische und vegane Rezepte mit Zusatzinfos zu saisonalen, nachhaltigen Produkten.
ISBN 978-3-8354-1491-4

www.blv.de